U0014226

天使歷險記

拿十萬走進一級市場，矽谷新創投資大師的千倍收成策略

ANGEL

How to Invest in Technology Startups
Timeless Advice from an Angel Investor Who Turned $100,000 into $100,000,000

JASON CALACANIS

史上十強**天使投資人**

傑森・卡拉卡尼斯

林奕伶——譯

獻給拉拔我、支持我，並鼓舞我的女人：我的母親，凱西；

以及外婆，安妮；我的妻子，潔妲；

我的三個女兒，蘭登、喬漢娜、凱特琳娜。

以及

我充滿美好回憶的好友，大衛．戈德堡，

他是個在眾人之上真正的天使。我們想念你。

目錄

動作暫停！

如果你無法接受這星球上

風險等級最高的投資：新創公司

請不要繼續翻頁

第 1 章

這本書本該由別人來寫

這本書只有一個目的：教你如何在二十一世紀創造大量財富。

這不是什麼系統或祕訣，所以我不會把它弄成花裡胡哨的東西，就像你買過的那些狗屁自助書。

我只是要告訴你，一個出身布魯克林（是在布魯克林變時髦之前）的放牛班學生，如何費盡千辛萬苦闖進科技業，逮到了七次大好機會（將繼續增加），賺進幾千萬美元。

多數人認為我運氣好，有人說我是個徹頭徹尾的騙子，還有少數人認為我是聰明絕頂的炒作大王，但我不同意其中任何一個——而是以上皆是。

這些是本書將成為有史以來最偉大商業書籍的原因。原本不應該由我來寫的，卻還是有了這本書。我是個打進圈子的圈外人，我會讓你知道我是怎麼克服萬難成功的。

我跟所有人一樣吃驚自己能做到這種地步，故事說來話長：一個護士與酒保之子，眼睜睜看著政府公務人員像電影演得一樣，穿著衝鋒外套，持槍闖入他爸爸的酒吧，一家人頓失所有。他過橋到曼哈頓，想要證明什麼，最後前往西岸發家致富。

美國夢

美國夢依然存在，只是分布得沒有那麼廣。

我們的父母與祖父母靠著工廠和白領工作，在上個世紀攢下他們所有的身家。現在機器人正把那些工作奪走——永遠不用睡覺，而且能讓自己指數成長。另一方面，我們人類基於躁動不安的生理與情感需求，拼命想跟上腳步。

大部分的人都完蛋了。

但你看到這裡，顯然你願意學習，只要你努力奮鬥，我能徹底改善你的成功機率。

這個世界漸漸由少數聰明有權勢的人掌控，他們知道如何創造那些機器人，或者如何設計你用來看這些內容的軟體和平板。但是請不要就此打住不看了，因為我將告訴你怎樣跟數位菁英、智者，以及富裕人士平起平坐，說不定還能利用這百年一見的榮景。

是的，我已經找到自己的公式，就像你買過的其他商業書籍，但是我的公式跟別人的公式有個重大差異——我的公式具有前瞻性。

其他書籍中也有一些相當優秀的著作，企圖跟你解釋人家怎樣從不動產賺錢，是因為他們精通這門生意的門道、或是找到對的人上車（或讓錯的人下車），但這些書在現在大多是歷史文獻了。

過去十年的世道變化得比過去一百年更快。

這不是晚宴或研討會主題演講中機智的俏皮話，而是無可爭辯的事實。

我們從網際網路、行動電話、機器人學、感測器，以及生物學見到的變化，不只讓一般民眾大開眼界，也包括從事這些領域的人——而且速度還正在加快。

我還可以給你一連串令人嘆為觀止的突破性進展，證明我所說的世事變遷有多迅速，但我希望這本書經得起時間的考驗。目前已經有可以當作例子的事實，如電腦下棋打敗人類、由免支薪的寫手撰寫的百科全書、電腦駕駛飛機與汽車而不用方向盤，或者用機器人打贏戰爭，這些都已經司空見慣，以至於虛構的科幻小說很難保有其虛構性。

我知道這些，是因為有個投資最新五十大創新的頂級投資人，要我尋找下一個大創新。我生活在商業與科技未來的前沿。

身為天使投資人，我的職責就是在沒有人相信你的時候開支票——而那是這世上最刺激的賭注。

我每個星期要見十幾個懷抱瘋狂構想的夢想家，他們希望我給他們錢、能給建議，希望開放取用我的名片盒——但最主要還是錢。

通常我是「第一筆資金」，當優步（Uber）或Thumbtack等公司價值只有四、五百萬美元且幾乎被所有人拒絕時，我是第一個願意為這些公司冒險的投資人。

這一年我在一家創立機器人咖啡館的公司Cafe X投資75萬美元。這家公司去除了星巴克業務中最昂貴的兩個部分：不動產與人力。

創辦人用電子郵件寄給我一段影片，內容是產品原型在香港一所大學試營運的情況，我回信給他們：「這是在開玩笑嗎？」

他們說：「不是，這不是在開玩笑。」於是我邀請他們來我的企業孵化器[1]，我們花了三個月時間雕琢產品，並幫助他們製作提案說明。之後我將他們介紹給我那些有錢有勢的

1 企業孵化器 (Business Incubator)能為新創公司提供許多資源，降低其風險與成本，提高成功率。

朋友，很多還是賭性堅強又自戀的人——他們給這家公司注資了幾百萬美元。

如果Cafe X成功了，就能將一杯拿鐵的價格降到2美元（再次），而且每次都做到完美（電腦永遠不會忘記你要求多少奶泡），並將等待製作的時間從超過五分鐘減少到三十秒以下（那台機器知道你的智慧型手機在哪裡，在你距離九十秒時就製作你的咖啡）。

以後城市裡不再是每隔一個街角就有一家星巴克，而是街區裡每棟建築的大廳都有Cafe X機器。

不再是門市一天開門營業十四小時，這些機器人將一天二十四小時為我們服務。

Cafe X和其他新創公司也將消滅數百萬個工作，這些工作原本是支薪給人類，讓人站在櫃台後面重複您的七個重要指令，為您準備好清晨之獻酒，然後按下按鈕，花兩分鐘噴出一大壺冒著泡泡的牛奶。

工作的未來——還有賺錢

如果現在你覺得我是個性好掠奪的自由市場可怕怪獸，那麼你只對了一半——我也同時是人道主義者，認為有更好的事情值得我們的孩子花時間去做。

我們愈快消除低薪、重複性高、技術含量低的工作，人類就愈快能從事更大的議題，如永續性、跨行星（multiplanetary），或許還包括讓最後十幾個姦淫擄掠、燒殺搶奪、壓迫弱勢者的獨裁者和專制君主退位。

當然，我也可能錯了。

當我們完全消除這些工作時，或許世界會急速變成早被遺忘的「占領華爾街運動」全球版，有一群聰明但缺乏組織的嬉皮和千禧世代跺著腳說：「再也不要了！我們不會離開，除非情況有所改變！」

當然，除非經濟反彈，他們獲得不錯的工作，有免費的食物還有優步共乘（Uber POOL）的私人司機，然後最後發現，情況其實該死地美好，他們根本不用再衝進麥可．彭博（Michael Bloomberg）的市政府，或者搞臭高盛集團（Goldman Sachs）的大廳了。

坦白說，在我看來，我們有70%的機會不用展開全面的街頭革命，就能看清楚這場摧枯拉朽的巨變，正如我們看到的希臘與埃及，或者年輕人失業率破20%的其他地方。

但我不是因為想坐在象牙塔中嘲笑那些工作被取代的人，才投資這樣的未來。我投資這樣的未來，因為這是不可避免的必然，我認為自己可以幫那些有抱負的創辦人與創新者加速獲得成果，而不是那些唯利是圖的人。我當然打算在這些革命中大賺一筆，但我也希望有朝一日能驕傲地回顧，知道自己幫忙推動了讓這個星球更美好的改變。

逃離母體

如果你正看到這裡，恭喜！你像《駭客任務》（*The Matrix*）的尼歐選擇了紅色小藥丸，也踏出了解痛苦真相的第一步：世界將在你這一輩子徹底翻轉二、三次。

工作末日即將到來，這不單是因製作咖啡的機器人而起，也包括多數我們所謂職涯的白領工作被一一消滅，例如律師、醫師、教師、會計師、機師、記者，或者軟體工程師（等著看吧）。

是的，如今地球上機會最多的大概就是軟體工程師，我剛投資了一家立志淘汰軟體工程師的公司，你可以在框框內輸入「幫我製作一個能做X、Y和Z的應用程式」，然後就會吐出一個你自己版本的「可＿＿＿（填入目前還爛透的服務）優步」程式。

如果你讀到這篇導言還沒有感到恐慌，那我來告訴你下一個我打算支持的產品：會研究人類並製造其他機器人的人工智慧機器人。

我目前還沒找到，但是等你看完這本書，說不定我就找到了。蛇就要吞掉自己的尾巴。

等到這種狀況出現了，極可能人心惶惶。

另外，很多有錢人已經為了這個結果在做安排，在完全脫離電網的偏遠地方買島嶼或大農場，如懷俄明州或紐西蘭（我不是在說笑）——配備完整的太陽能、海水淡化、防禦工事，以及武器。

沒錯，不是只有鄉下人才擔心末日來臨，億萬富翁同樣也是。

一場黑天鵝的完美風暴正要來臨，這本書不但幫你做好準備度過風暴，還能毫髮無傷地取得優勢。

第 2 章

布魯克林的力爭上游者

天使投資是賭博嗎？

科技產業界時常爭論天使投資究竟是賭博還是真正的投資，而這很大部分取決於你的態度。每年我都下四十個賭注，希望收穫加總起來超過我的投入。

從事天使投資的這六年，我投資不到1,000萬美元，而我建立的投資組合價值超過1.5億美元——等於我的回報是投資的十五倍。

對一個出身布魯克林、親眼看著父母至少有90%的時間在為錢爭吵的小子來說，這真是不可思議。

不過，更不可思議的是，我絕大多數的投資是在過去三年（其實佔1,000萬美元中的900萬美元）。

如果深入探究，我在從事天使投資的第一年投資不到10萬美元，但我的前五項投資就命中了我至今的兩大成功案例，優步與Thumbtack。

我投資的頭兩年，回報倍數居然高達一千五百倍。

這些新創公司得花上十年才會有個結果，因此沒人能確知我在天使投資「名人堂」會落在什麼位置——如果真的建造這個名人堂的話——但我可以肯定地說，我在史上前十大天使投資人將榜上有名。

我買彩券維生，但是不像路邊的傻瓜，我買的是中獎區前1%的彩券。

如果你的彩券必須對中七個號碼才能中獎，我只要對中兩個。

我已經明白如何在這個秩序下豪賭，並會詳細解釋給你聽。我給輪盤動了手腳，讓珠子落在我押注數字的次數比你的數字多十倍。

我玩德州撲克的每一把起手牌都是黑桃A，所以我拿到一對A的機會是十七分之一，而你的機會則是二百二十分之一。

如果你還看不出來，我會說我對自己人生的現況非常得意。如果我聽起來像個自以為是的討厭自戀狂，那很抱歉——但我確實是。多年來，一直有人找我寫書，而我總是告訴我的經紀人「等我再多贏一次」。

紅杉資本偵察員方案的祕密起源

投資那家改變世界的計程車公司，就是那個「再多贏一次」。當《華爾街日報》(*Wall Street Journal*) 以頭版報導，我的身分是世界知名創投公司紅杉資本（Sequoia Capital）的頭號「偵察員」(Scouts)，一切就大白於天下了。

沒錯，就是那一家精明的創投業者（VC），曾經支持蘋果、Google、思科（Cisco）、雅虎（Yahoo!）、YouTube、愛彼迎（Airbnb）、WhatsApp以及無數其他公司。他們展開一項稱為「偵察員」的天使投資方案，而我是第一個被挑中的。

偵察員的概念相當簡單：紅杉資本提供資金，由二十位精挑細選的科技公司創辦人，挑出他們認識的創辦人給予支持。

回報則分配如下：其中45%給進行這項投資的偵察員，50%給紅杉，另外5%給這個方案的其他偵察員作為紅利。

這對我們這些偵察員來說是世紀大交易，因為像紅杉資本這樣的創投公司，在用其他人的錢做投資時，其實只收20%至30%的回報。

我的直覺是他們對怎麼分配完全不在意，因為我們是一群非專業投資人，擊出全壘打的機會微乎其微，更別說是滿貫全壘打了。對他們來說，偵察員是提高他們在先期市場能見度的方法。

來自布魯克林的小子被業界最精明的人欽點。我的職責就是找出下一個重大創新。這個機會好比洋基隊前老闆喬治·史坦布瑞納（George Steinbrenner）打電話給我說：「你想幫洋基隊再贏得一次世界大賽嗎？」

他·媽·的·當然好！

我夢想這種人生

我小時候總是夢想自己的老爹是有錢的銀行家或億萬富翁，從哈佛大學出來，還有個信託基金——而不是有個差點鋃鐺入獄的爸爸。

我想像過這種生活：成為圈內人，想像有人幫忙付大學學費、有人送一棟位在曼哈頓的公寓，只要在感恩節時纏著父母十五分鐘，就會有人給你10萬美元投資事業——正如我的許多朋友。

我沒有那樣的特別待遇，但這激起了我的雄心壯志。

我在晚上十點鐘從福坦莫大學（Fordham University）林肯中心校區搭乘火車回家，回到第十大道上一個月300美元的閣樓公寓，裡面唯一能夠站直的地方，只有在玄關正中大約20%的空間，然後我會在心中默想：「有錢是什麼樣子？」

ATM的收據上是10萬美元而不是100美元，會是什麼樣子？

不用一輩子天天為了錢傷透腦筋又會是什麼樣子？我一貧如洗，所以上大學時，晚上就帶著兩枚代幣和口袋裡的兩塊錢去曼哈頓。我知道怎樣花錢才能從中央公園的熱狗小販那裡獲得最多的卡路里，他們一個猶太餡餅只要0.50美元，不像其他地方要0.75美元。

我會在路上用0.50美元買個貝果麵包、兩個猶太餡餅當午餐——然後，除非我像個白癡，為了在課堂上保持清醒而買了可口可樂，否則我會在回家途中買第三個猶太餡餅。

當你阮囊羞澀，卻在曼哈頓看到身邊都是有錢人，你會好奇：「這些人都是怎麼變有錢的？」

「將你所學傳遞下去。」——尤達

於是，我多方研究，想找出一個創造資本最有效率的方法，而我相信那就是科技業的天使投資。我會在接下來的章節告訴你一切，因為只要有一、二百個讀者成為天使，就會對社會產生影響——再說，我們還能一起投資（更多內容見第11章）！

見鬼，只要有一個人因為這一本書，支持下一個具有「改變世界」理想的偉大創辦人，我們就成功攜手共創影響了。

有二萬五千個讀者會變成天使投資人——這樣的機率很渺茫，但萬一真的發生了，就能改變一切。

全世界有數兆的資金停留在債券、現金、股票以及不動產，那些錢其實都是「死錢」。錢就在那裡，緩慢而安穩地成長，不冒險也根本不會改變世界。

如果我們用那些錢進行瘋狂的實驗，例如下一個特斯拉（Tesla）、Google、優步、Cafe X或SpaceX，豈不是更有趣？

我寫到這裡的時候正好四十五歲，打算再做五年的天使投資——我正在進行自己的十年計畫。

再下兩百個賭注，我就完成了——接下來輪到你了。

等我完成我的十年計畫，就已經投資了三百五十家新創公司，而我的目標是布局2,500萬美元，獲得2.5億美元的回報——目前已經完成一半。

不賭沒前途

「賭博」兩個字如今在西方有非常負面的涵義，但是我在洛杉磯整夜玩撲克時，賭桌上多數是些亞洲老先生，我常常聽他們說「不賭沒前途」，然後將籌碼推到賭金彩池中，站起來激動地磨擦頭頸（一種讓我很快就無意識學著做的反應）。

過了好幾次，我才明白那些老先生在說什麼，但我自己沒過多久也開始那樣說，無論是不是在賭桌上。

不賭沒前途。

如果你從這本書學到了什麼，那就是你如果希望能成果豐收，那就必須冒險，當天使投資人以及人生都是如此。

這並不是說你應該不顧一切冒進；事實上，意思正好相反。我反覆研究其他人當天使投資人是怎樣累積財富，並將重點放在超越他們具備的不公平優勢。

我在接下來的章節將透露我所有累積的不公平優勢，這樣你也能聰明地分配資金，或者剛好就比其他人**更加**聰明，如果你曾贏過撲克，就知道這才是成功的關鍵。

如果你看不出撲克牌桌上誰是那個倒楣的蠢蛋，那大概就是你自己了。只好趕緊找另外一張賭桌，或者想辦法比其他玩家技高一籌。這可能要花時間，但人生中所有值得追求的事物都要花時間與精力。

給真正的圈外人

雖然我感覺自己是圈外人——來自布魯克林的小孩，沒有上史丹福，出生在中產階級的底層——但事實上我比美國大多數人更接近圈內人，更別說出生在開發中國家的人。

我們得承認，我是剛好在正確的時間出生在紐約市的白人男性。十三歲時擁有一台1,000美元的電腦和傳輸速率四百波特（baud）的數據機，又憑藉我用這部電腦學來的技能，支付我在不錯的大學上夜校。如果我沒有那台電腦，最後大概會當個警察（真實故事）。

一個住在美國小鎮、家境貧困的人——又加上沒有那台IBM PCjr，那肯定不會有我這樣的有利開端。我甚至還沒有提到我在社會中，不必面對有關性別與種族等更大、更複雜的文化議題。

我寫這本書是要給圈外人一個劇本，讓這個賽場稍稍公平一些——即使我還不夠聰明，尚無法理解或協助解決更深層、更系統性的問題。

第 3 章

天使投資是什麼？

天使投資概論

天使投資是在一家私人企業的最早期投資輪中投入資金，目的是回收的金錢比投入的更多——比起較安全、較成氣候的投資工具，天使投資的報酬豐碩得多。

天使進行投資的公司通常年資不到三年，沒有什麼「集客力」(traction)，正努力找出我們稱之為「產品與市場相契合」(PMF) 的東西。如果這些公司看上去不算是徹底瘋狂，那應該人人都會想投資，這樣也就不需要天使了。事實上，會用「天使」這個名詞，是因為我們是在創辦人的危急時刻——沒有人相信他們的時候——出手解救的投資人。

「產品與市場相契合」與「退場」

「產品市場相契合」的意思是說，創辦人建立的產品，不管是優步的共乘應用程式還是Instagram的照片濾鏡，都已經找到一群對產品歡喜滿意的人。如果有很多人覺得一項產品討喜滿意，那就有切切實實的可能性，但並不保證創辦人可以解決下一個大挑戰——擴張與變現。

當創辦人想出辦法靠產品賺錢，並將之擴張到合理程度，會有兩種情況：被更大的公司收購，或者公司公開上市。

這兩件事在我們這一行稱為「退場」(exit)，因為這就是你將籌碼(或股份)兌現獲利，拿回資金(你的回報)的時候。

如果一家公司沒有創投支持，最後可能就是一家可獲利的永續企業，派發股利支票給投資人。但天使與創投投資人討厭這樣。我們想要退場和回報。

不過，我投資的大部分公司都沒有通過上述產品與市場相契合的這個里程碑，更別說想出辦法擴張營收——這也沒關係！

沒有風險就沒有回報

你現在大概會想：「為什麼不乾脆投資已經產品與市場

相契合、有營收模式，而且顧客擴張到數百萬的公司？」這麼說吧，如果一家公司已經達到這些里程碑，他們大概已經都上市了！

當你有可預期的營收，就能吸引到無數資本。但是在你才剛起步時，能吸引到的資本只有瘋狂冒險的天使投資人。

隨著你的顧客和營收增加，給公司估值就容易了。判斷估值有好幾種既有的有效方法。但是當你只有兩個人和一個產品原型，公司的價值就是見仁見智了。

舉例來說，1980年代的蘋果與微軟以及2000年代的Google與臉書（Facebook），都曾是未上市公司，團隊非常小，產品不怎麼樣，也只有少量顧客。在它們規模尚小的時候，投資有風險而且估值低。

有名的例子如，邁克．馬庫拉（Mike Markkula）給蘋果注資25萬美元，擁有公司三分之一的股份，並成了第三號員工。昇陽電腦（Sun Microsystems）的共同創辦人安迪．貝克托森（Andy Bechtolsheim），在Google註冊成立公司之前投資10萬美元，彼得．提爾（Peter Thiel）在臉書估值500萬美元時投資50萬美元。

他們全都是冒險下對賭注的瘋狂投資人。

「你只需要對一次。」—— 馬克・庫班

我是以在優步價值約500萬美元時投資了2.5萬美元而出名——優步目前在未上市市場（private market）的價值為700億美元[1]。在我投資當時，優步只在一個城市營運，而且只有幾輛林肯Town Car登記加入。

當時還不清楚公司能否擴張或賺錢，但我知道創辦人幹勁十足，而且我個人熱愛這個產品。在我看來，以使用汽車服務的人口來說，優步最起碼對其中10%的使用者是非常出色的產品，而這些人通常是大城市裡的生意人。

那就足以構成我下注的理由了。

我邀請他們參加一場我主辦的活動，稱為「開放天使論壇」（Open Angel Forum），論壇的宗旨是讓十多位投資人一起聽取六家新創公司創辦人說明。那一夜，創辦人崔維斯・卡拉尼克（Travis Kalanick）出席我的活動，在一個舊金山碼頭，有三位投資人決定開支票：賽安・班尼斯特（Cyan Banister）、首輪資本公司（First Round Capital），還有我。

其他十幾位專業投資人跳過了優步，直到今日，他們在見到我時，都會想起自己投資生涯中最大的一次失誤。有些來賓投資那一夜對我們提案說明的另外五家公司。我甚至不

1 此為作者撰寫本書時（2017）之價值，優步已於2019年5月上市。

記得那些公司的名稱！

優步幾乎能說是我們三人做過最好的投資。我們擊出了全壘打中的全壘打。沒有那一次投資，我不會寫這本書。

而那也是為什麼我認為若想創造財富，你應該考慮天使投資。只要你先擱下恐懼，稍微瞇起眼，焦點不但集中在該企業可能出錯的地方，更要看看哪裡可能做對，將會改變你的人生。

雖然你不太可能像我一樣，投資獲得五千到一萬倍的回報，但如果你在矽谷操作個幾年，進行五十檔或一百檔投資，非常有可能——如果你所有該做的工作都做了，大概就能——獲得的回報將超出投入的資金。

就算你只是拿回了投資在一百家新創公司的錢，你也能夠和世上最有動力和創意的人打交道，建立非凡的個人人脈，還能從中學到很多。

在這同時還有如中樂透般的驚人機會，將你的本錢翻上一百到一萬倍。

雖然這樣一個個下賭注看似愚蠢，但是不從中選出一百個賭注卻更是愚蠢。

天使投資與無聊投資

全世界最安全的投資工具，一直以來就是像債券、國庫券、黃金、指數股票型基金（ETF），以及共同基金。這些工具比起天使投資，高度受管制、安全，而且可預期。

一般公認美國股市一年的回報率平均為7%。以這個速度，你大概要花十年才能讓資金翻倍。

在本書寫作時，政府公債大約在歷史低點，一年2.4%。以這樣的速度，你大概要用三十年才能讓資金翻倍。

大家四處尋找回報率，但是隨著資金池愈來愈大，回報也愈來愈難找。

我希望能給你一張天使投資的航線圖，但這是一種非常不透明的操作，可以達到暴利，所以從事這一行的人希望它不透明。如果你自己發現了一個祕密鑽石礦能讓你賺進幾千萬美元，你會說出它的地點嗎？大概不會。

如果你希望大約每七到十年就讓資金翻倍，一般認為最理想的辦法，就是買些低手續費的指數型基金（index fund）的合理組合。其實，我持股的一家新創公司Wealthfront，只需要用二十五個基點（BPS）就能用軟體做到——比起一般財富管理收取的費用，可說是是九牛一毛（一個基點等於一個百分點的百分之一，或0.01%）。

額外的好處就是，如果你使用機器人顧問，就不用一年和那些討厭、超級油滑的基金經理共進午餐二、三次——我只是說笑！

不過，靠這些工具，你永遠也無法讓資金的回報達到一百倍、一千倍、或是一萬倍。

天使投資是高風險、高報酬。

其實，這是世界風險最高的投資，賠率比在賭城的賭桌高出許多，像二十一點和輪盤等賭局的劣勢大約在5%。

5%的不利條件看似不多，但你只有在看著手邊的籌碼堆慢慢變少，並在賭桌坐上四、五個小時之前才會以為不多。賭場深知這一點，所以他們希望在榨乾你的口袋之際，最起碼給你一點娛樂的價值。這是為什麼我在賭城始終拿不到免費招待：我在賭桌上玩得不夠久。此外，我玩撲克，那對賭場來說是賠錢的。

如果你走到輪盤賭桌，押注紅或黑，拜那些非紅亦非黑的討厭綠色數字所賜，賭金翻倍的機率略低於一半——賭場的優勢相對高於丟銅板。

如果我們有完全可預測的方法能將資金翻倍，例如指數型基金和輪盤賭桌，那你為什麼要把錢投入未經驗證的新創公司？

答案很簡單：如果你在一家新創公司的投資夠早，而這家公司成了獨角獸——價值10億美元的公司——那你的回報將是足以改變你人生的金錢。

典型的天使投資情境

我們來算算看。在美國當個「合格投資者」(accredited investor),代表你在美國證券交易委員會(SEC)眼中非常聰明,會投資像新創公司這般風險非常高的標的。

根據證券交易委員會的定義,**合格投資者**包括:

- 前兩年的所得收益超過20萬美元(或是加上配偶30萬美元),並合理預期今年也有一樣的收入,**或者**
- 資產淨值超過100萬美元,不管是個人還是與配偶加總(扣除個人主要住所的價值)。

下一段將說說一個資產淨值250萬美元的合格投資者,大概會怎樣進行天使投資。如果你的資產淨值遠低於這個數字,別擔心!後面的章節會說明你可以怎樣利用較少的資本參與遊戲,而現在這些課程對你的成功同樣重要。

在這個情境下,如果你的銀行帳戶裡有250萬美元的現金,而你將錢放到一檔扣除稅金與手續費後平均一年回報7%的基金,每十年可讓資金翻倍。

如果你決定將資產淨值的10%——也就是25萬美元——以每次5,000美元進行天使投資,那你就能做五十次投資。

如果這五十家公司有一家的價值達100億美元，那麼你在公司價值只有500萬美元時的天使輪投資5,000美元，回報可能就有一千倍。意思是你的回報是500萬美元。

你這是在天使輪買下這家新創公司1%的十分之一，等到它上市或被收購時，你就有那1%的十分之一。

不過，有個問題：隨著該公司賣更多股份給其他投資人，你的股權可能被「稀釋」。如果你在未來幾輪「按比例取得股份」(pro rata)，就能減輕稀釋的影響。

按比例取得股份是指，你在之後的每一輪都繼續加碼投資，以維持你在一家公司的原始所有權比百分比。這通常是不錯的想法，但如果你遇到一個大型獨角獸，代價可能就會非常、非常高昂。

如果你在這個情境下沒有按比例取得股份，我猜你的股份慢慢就會稀釋掉約50%。這代表你在這家價值100億美元的厲害新創公司，只擁有五個基點，即1%的二十分之一，也就是250萬美元。

根據針對獨角獸（正是我們要尋找的10億美元公司）進行的有限早期研究，每年似乎可創造出一、二十個獨角獸。在過去十年左右，大約有十多個十角獸（decacorn，身價至少100億美元的公司）誕生，包括優步、小米、滴滴出行、愛彼迎、Palantir、Snapchat、WeWork、SpaceX、Pinterest，以及Dropbox。似乎每十年左右就有一家1,000億美元的新創公司誕生。包括：蘋果、思科、微軟、Google，以及臉書。

現在我們假設你沒挑中獨角獸，有70%的投資報酬率為零。雖然我在我個人的前五十檔投資中，擊中了三家獨角獸（有兩家就出現在我投資的前五檔），但我們先假設你在這方面實在爛透了，沒有選中獨角獸。

你在這三十五檔投資（五十檔投資的70%＝三十五筆交易）當中，每一檔都燒掉了5,000美元。那就是你投資的25萬美元當中，高達17.5萬美元化為烏有。不過，那只是你流動資產淨值的7%，而先前說過你的流動資產淨值為250萬美元。

我想你可以忍受你的資產淨值減少7%的，對吧？那不是什麼大災難——你不會流落街頭，但你會有五十次盡力揮出全壘打的機會！

如果在剩下十五次的投資中獲得一些回報，就能抵銷那7%。這是我認為可能的情境：

其中五筆投資回收資本，所以拿回2.5萬美元。

其中七筆投資的回報是資本的二倍，所以拿回了7萬美元。

現在你只損失14萬美元，等同於你流動資產淨值的5.6%。

如果最後三筆有不錯的投資表現，以科技投資歷來的走向，你可能會看到下列結果：

其中一筆投資的回報是你投入的五倍，為2.5萬美元。

其中一筆投資的回報是你投入的十倍，為5萬美元。

其中一筆投資的回報是你投入的二十倍，為10萬美元。

現在完全不用什麼稀奇古怪的預測，你的回報就是27萬美元——增加了2萬美元！

所以如果你的資產淨值有250萬美元，考慮當個天使投資人，基本上你所看到最糟糕的可能情況就是損失7%，但實際情況大概是介於損失1%至3%到獲利20%之間。

對我來說，那是很大的下檔保護（downside protection）。就好像賭場告訴你，你的資金可能變成一千倍或一萬倍，或者損失7%的資金——這怎麼可能？

當然你可能搞砸了，血本無歸——你投資的是波動劇烈的未上市公司。如果你無法承受天使投資的全部虧損，我建議你現在就放下這本書。

下檔是什麼？

好吧，你得先找出五十家傑出的公司來投資，而我每觀察一百家公司只投資一家。這代表你必須在五年間觀察五千

家新創公司，才能下賭注——等於每星期觀察二十家新創公司。你每星期動輒要花上二十到三十個小時。

如果你想加入這場遊戲，就必須**努力做功課**。

我會告訴你怎樣做功課。

我在第11章將告訴你如何取得交易流（deal flow），如何找到創辦人見面認識。而在第17章，我會告訴你要從創辦人身上尋找什麼特質。到了第18章，我會教你在與創辦人會面時，應該問他什麼問題。

第 4 章

天使投資適合你嗎？

金錢、時間、人脈網路，以及專業技能

要成為一個成功的天使投資人，你需要結合金錢、時間、人脈網路，以及專業技能。

儘管如此，你不必全部都有。我就認識有錢人家的小孩，完全零經驗，單純是出身「幸運精子俱樂部」的富二代，二十多歲就在孵化器的展示會（Demo Day）上開出一大堆支票，就此投身天使投資。

我也認識身無分文又終日忙碌的人，卻具備龐大的人脈網路與巨量知識，靠著當顧問迂迴地上了某企業的資本結構表（cap table）。其實，我自己在有錢之前，也是拿人脈網路和推銷新創公司的知識來交換股權。有兩次還真的拿到了

錢：一次獲得1.6萬美元，是在一家社群網路新創公司擔任顧問職位，該公司未能順利進行到人才收購（acquihire），也就是為了**雇用**人才而進行的**收購**；還有一次是15萬美元，是一家優惠券交易公司將我列入他們的董事會。

也就是只要參加幾場董事會議、做些介紹、並讓創辦人將我的名字放在他們的網站上，就有21萬美元。當然，你必須有某種聲望和產業知識，才能進行這類交易。

有個長久以來大家公認的傳統，就是「顧問」協助新創公司二、三年，可獲得十或五十個基點——一個基點是一個百分點的百分之一。

很多時候，這些顧問自稱天使，即使他們沒有開支票。真正的天使投資人會嘲笑他們，稱他們是「貧窮天使」，但事實上我見過許多顧問，提供給創辦人的協助比投資人更多——這也合理，因為他們不用花錢就能得到股權！

我稍後會多說一些有關顧問的事。我們就來看看你有沒有當天使的條件。

應對未知數

世上最好的天使有四個特質，讓他們有能力做以下四件事：

1. 開支票（金錢）。
2. 熱切和創辦人討論重要議題（時間）。
3. 幫忙介紹重要的顧客和投資人（人脈網路）。
4. 提供可行的建議，節省創辦人的時間與金錢── 或者讓他們免於犯錯（專業技能）。

你還需要一種特質，才可確保你在當個天使投資人時能樂在其中。你應該樂於和形形色色的人喝咖啡聊天── 包括聰明絕頂且精於算計的創辦人，他們將能幫你拿到一些回報；還有滿腦子幻想又難搞的人，他們在你的投資報酬中占了絕大多數。

如果你沒辦法跟各式各樣的人相處，或者聽人家嘮嘮叨叨、不斷說著他們將如何改變世界而其他人卻不能理解，你會覺得很不自在，這個工作就絕對不適合你。

管理模特兒和演員的經紀人，得應付業主必須時時待在聚光燈下的不安全感。同樣，身為天使投資人，你要面對的人十分固執，而且堅持要世界配合他們的獨特願景而改變。

有些人形容他們的眼光高遠，但那只會在他們賺了很多錢、又推出大家不可或缺的產品之後。在你認識他們時，他們才剛起步，常被形容是討厭鬼、自戀狂，還有瘋子。

當我聽見有人想介紹一個創辦人給我，卻又因為這個人難以捉摸而惴惴不安，我會立刻安排隔天見面。天使投資人就是要尋找難以預測的未知數，因為最好的創辦人通常頑固執拗且難以控制，追求自己的理想而無視其他人的感覺。

第 5 章

一定要在矽谷才能成為最強天使投資人嗎？

沒錯。

第 6 章

矽谷有什麼特別的？

矽谷是宇宙的中心

過去這五十年，矽谷不但成為科技業的驅動力，也是推動媒體、交通運輸、廣告、保健，以及住宿的力量。

當今世上沒有哪個區域推動的社會變化比北加州這個小半島更多，這裡包含以下這些城市——相當於Google與領英（LinkedIn）同義詞的山景城（Mountain View）、臉書的帕羅奧圖（Palo Alto），還有eBay、PayPal、思科的聖荷西（San Josee）、蘋果的庫比蒂諾（Cupertino），以及推特（Twitter）、優步、愛彼迎的舊金山。

如果注意目前全世界市值前五大公司，你會發現全都是科技公司：蘋果、Google、微軟、臉書，以及亞馬遜

（Amazon）。其中位在矽谷的三家，彼此距離不到十五英里，另外兩家則在西雅圖。

在美國投資的創投公司，全部資金有30%投資在灣區。幾乎是投資在波士頓、紐約，以及洛杉磯的資金加總起來的二倍。

灣區是世界中心——這句話甚至不需要商榷。

我說的不光是新創業界的中心，而是整個世界的中心。如果你觀察交通運輸的變化，現在正因特斯拉的電動車、優步的共乘網路，以及Google的自動駕駛汽車而徹底重造。

如果觀察住宿，最大的破壞性力量是愛彼迎。

如果觀察政治，推特和臉書正在推動選情——而不是華府或報紙。

如果觀察廣告，Google和臉書利用諸如消費者目標鎖定與精準鎖定等功能，做出絕大多數最重要的發展。報紙在這個領域從2000年的高峰以來，已經流失70%的營收，而且再也無法引領市場。其實，有超過50%的行動廣告經費用在Google和臉書——而且行動也不再只是未來。而是一切。

在娛樂方面，最重要的公司不在洛杉磯。而是位於洛斯加托斯（Los Gatos）的網飛（Netflix），這個有三萬居民的小鎮，過去是以果園聞名。網飛現在有超過八百萬訂戶，每年為原創內容斥資超過10億美元。短短三年，網飛靠著《紙牌屋》（*House of Cards*）以及《勁爆女子監獄》（*Orange Is the*

New Black）等節目，品質直追HBO。不過HBO早在1990年代就開始為稱霸艾美獎的原創節目而努力，若是考慮到這一點，網飛又更令人驚嘆了。

這一切都是來自一家成立於十年前的公司，當時的服務是把DVD裝在紅色大信封郵寄到戶。

地點、地點、地點

身為天使投資人的目標，就是為了能夠遇上其中一個十角獸（decacorn，價值超過100億美元的獨角獸），或者十年獸（decade-acorn，平均十年才出現一次、價值超過1,000億美元的新創公司）。

有七家科技公司超出1,000億美元的價值標準：蘋果、Google、微軟、臉書、亞馬遜、甲骨文（Oracle）和思科。

還有數十家達到100億美元的新創公司，包括愛彼迎、優步、網飛、領英、推特，和Pinterest。至少其中一家會繼續發展到價值超過1,000億美元。

因此，如果你想在天使投資界成功，就得在這裡，在這個世界創新之都。如果說你中學時的話劇社出了二、三個漂亮又有才華的模特兒和演員，他們去了洛杉磯後成為電影明星，那麼同樣道理，你大學裡的前三、四個開發者和創業者就會去灣區。

如果你是一家公司的創辦人，你在矽谷可能需要花半年時間，每週都要對幾十位投資人做提案說明，而且還會有很多待認識的新投資人。如果你是在奧斯汀、洛杉磯、紐約，可能花個幾天就能完成對所有重要投資人的提案說明。

重要的天使投資人在二線城市還會有數十個，但是在矽谷卻超過一千。

如果最好的創辦人都來這裡，最好的天使也必須在這裡。

第二名就是頭號輸家

如果你選擇在紐約、洛杉磯，或西雅圖當投資人，那也沒關係，但是若想獲得回報，就必須考慮到兩件重要的事：

1. 你得大幅降低贏得重大成功（也就是獨角獸、十角獸，或者1,000億美元以上的公司）的預期心理。
2. 你一個月無論如何都得搭飛機到這裡待上十天。

如果你一個月無論如何都得在這裡待上十天，那還不如乾脆搬到這裡，把你想居住的其他地方當成渡長假的地點。你可以兼職做這份工作，但如果你的根據地在其他城市，我認為你做不到。

在紐約，我們看過少數幾個億萬美元的退場案例，包括Tumblr（2013年以11億美元賣給雅虎）、Etsy（2015年首次公開發行〔IPO〕籌資30億美元），以及DoubleClick（2008年以30億美元賣給Google）。

在洛杉磯，我們看到少數重大成功案例，包括Maker Studios（2014年以5億至9.5億美元賣給迪士尼〔Disney〕）、Oculus VR（2014年被臉書以20億美元收購）、Lynda.com（2015年以15億美元賣給領英）、Dollar Shave Club（2016年以10億美元賣給聯合利華〔Unilever〕）、Shopzilla（2005年以5.25億美元賣給Scripps）、LowerMyBills（2005年以3.30億美元賣給益博睿〔Experian〕），以及Snapchat（首次公開發行之前在未上市市場估值超過200億美元）。

換句話說，你在灣區以外的地方絕對投資不到十角獸。

快車道人生

還記得我前面用過的撲克牌比喻嗎？在灣區，你的每一把起手牌都是黑桃A——事情做起來會容易得多。我看過灣區很多笨蛋迅速致富，我也看過紐約和洛杉磯的很多聰明人努力掙扎，要在天使投資和創投行業出人頭地。

如果你在第一輪命中了Dollar Shave Club、Lynda.com，或Tumblr，你會非常開心，因為你將在估值500萬美元時入場，而在達到一百或一百五十倍時退場——即使你的股權在後面幾輪被稀釋了。

你的2.5萬美元投資可能變成300萬美元——很驚人，但還是不到你的資本的一千或五千倍。這裡的目標是命中十年一見的公司，而這種公司現在幾乎都出自灣區。

你大可忘了歐洲，原因是當地的社會主義、繁文縟節，以及普遍的反創業政策。著名的例外是瑞典，當地孕育出新近的幾家獨角獸，如Spotify、King（Candy Crush）、Mojang（當個創世神〔Minecraft〕）、Skype，以及SoundCloud。有些人認為那是因為他們著重設計、或是縮短的日光時間迫使他們更努力工作，驅使他們成就，但不管是什麼原因，瑞典現在如日中天。

中國、印度，以及日本也都是科技新創公司的熱門市場。

在紐約或洛杉磯這種小市場做天使投資只有一個優點：你會受到膜拜。這些區域的天使太少了，天使常常被追著跑。此外，你會對自己的效率感到得意，因為需要審核的優質交易太少。你早早就能把工作完成，還能追HBO的《矽谷群瞎傳》（*Silicon Valley*）影集。（非常爆笑卻精準地觀察新創公司生活方式。大概有85%正確——相當可怕。）

網路效應

「網路效應」（network effect）這個名詞的意思是指，網路的價值會隨成員或節點的總數平方增加。假設一個網路有十個節點，而你加上第十一個，這個網路的價值就增加21%——而不是10%。這是非常強大的數學。

我們生活在一個充滿網路效應的世界。灣區這裡的網路，節點就是投資人（天使，孵化器，以及創投業者）、創辦人、服務供應者（大學、律師、獵人頭，以及銀行），還有人才庫（開發人員、設計師，以及行銷人員）。

給你投資的新創公司提供支持和直接協助的人數，在灣區是其他地方的千倍以上。矽谷建造過最大的產品就是矽谷——一代又一代的人不斷再投資，並推動自身的效率不斷提升。

在科技的每個週期，新一群的投資人和創業家都更加大膽。看到Google用了九年達到年營收30億美元，讓人印象深刻，直到臉書出現，並達成了相同的成績——但只用了七年。

矽谷的投資人已經明白，當你找出像是「Google搜尋廣告」的印鈔機，那將有個全球市場等著你引進這部印鈔機。Google現在有55%的營收來自美國以外。

臉書看著Google踏入數十個市場，後來又以更快的速度達成。

愛彼迎和優步看著Google和臉書擴張到全球。於是他們的投資人和管理團隊記住了這些劇本並加以改進。

下一群新創公司，即你將投資的那些，會研究這四家公司如何在數十個國家、成千個城市攻城掠地，並用更快的速度達成。

人才是這裡最大的驅動因素，因為基層的開發者、設計人員，以及選出他們的招聘人員，是從火箭船跳到新創公司火箭船，鎖定四年的股票選擇權計畫。

非常稀鬆平常的情況就是Google員工「完全授與生效」(fully vested)，意思就是他們已經獲得全部應得的股份，然後帶著從Google學到的廣告印鈔機心得，到臉書協商出一套更大的交易條件。桑德伯格(Sheryl Sandberg)大概是榜樣，在Google待了七年之後，到臉書成了祖克柏(Zuckerberg)的二把手。

現在一堆臉書的高階主管也取得全部應得的股份，並看著臉書從A輪融資的估值9,800萬美元，一路升到首次公開發行的每股38美元(價值1,040億美元)，再到本書寫作之際的每股128美元(價值3,680億美元)。

隨著臉書達到「脫離速度」(escape velocity)並進入軌道，他們的員工正尋找所有的發射台，留意下一艘價值在500萬到5,000萬美元的火箭船，這樣才能在豐厚的早期股權中分一杯羹，並重新展開旅程。

優步和愛彼迎的最高主管，也有一些人曾在臉書和Google待過。

如果你想做一張鄉村音樂專輯？去納許維爾。

如果你想拍一部電影？去好萊塢。

如果你想創辦一家新創公司？那你得到矽谷。

雄心萬丈的遠大計畫

科技新創公司預想中的營運牢籠，2000年代初期就被伊隆・馬斯克（Elon Musk）和崔維斯・卡拉尼克劈開，當時他們認為軟體雖然重要，卻不是他們心中願景的極限。

不，馬斯克決定建造真正的火箭和電動車——我們稱之為「全端」(full stack)——而非只是讓火箭維持在航線上、或電動車在路上跑的軟體。其實，有不少發明家企圖逼迫馬斯克，將電動車的軟體和馬達賣給傳統汽車公司如賓士（Mercedes）和福特（Ford）。

拒絕這些建議之後，馬斯克推出Model S，該款車被非營利且高道德標準的《消費者報告》(*Consumer Reports*)評為最優異的汽車，還打破美國國家公路交通安全管理局（National Highway Traffic Safety Administration）採用的安全性評分紀錄，2013年時Model S獲得優異的五·四顆星，此前從未有高於五顆星的評分。

現在馬斯克正給他的汽車製造電池，並自己設立了上火星的任務。當今創業家的自信與大膽程度，比我剛起步時猶有過之，這令天使投資人大為驚喜。如果創辦人設定的目標是「殖民火星」，我們的投資報酬率將比他們把目標設定為「給想發射衛星的人提供軟體服務」高出許多。

崔維斯決定經營一個媒合駕駛與乘客的市集，而非像一位投資人極力說服他的，只是做一個給計程車公司使用的軟體系統。有一位投資人請我支持他的說法，說優步只該做個企業軟體公司，別再和計程車公司競爭，我當時回答：「計程車公司就是問題所在！」然後再也不討論那個主意。

你身為天使投資人的職責，就是擋住仇恨者、懷疑者，以及思想狹隘者，因為如果你的思想眼界狹隘，你的格局就小。我寧可看到我的創辦人敗在大目標，也不要他們在小目標上成功。

第 7 章

新創公司注資輪說明

這是天使輪還是種子輪？

你開始從事天使投資之後，會突然聽到很多新名詞冒出來，用來形容一家新創公司收到的各輪注資。總是有人找我問這些注資輪。「天使輪和種子輪有什麼不同？」或是問：「現在一般A輪的規模有多大？」

我要說的注資輪並非所有新創公司都會用到，而且世界上絕大多數的新創公司，其實沒有天使或創投業者的支持：他們被稱為「小企業」(small business)。

接下來的各輪是以正常順序列出，但是同樣有許多創辦人會跳過某些輪。我從未見過有哪一家新創公司全都進行過。

血汗股權

許多新創公司的第一輪注資來自創辦人本身，表現方式是無償為自己的事業努力上好幾個月。這不是正式的注資輪，而是事業的創立初始。不像投資輪，這時候的所有權是用創辦人自己的血汗支付，我們稱之為血汗股權（sweat equity）。這對身為天使投資人的你，是有用的指標，因為這說明創辦人能在沒有資本的情況下創造價值。

這時候你大概會想，「難道不是所有新創公司一開始都是創辦人擁有100％的股份嗎？」沒錯。但並非所有創辦人都願意在沒有外來投資人的情況下創立新創公司。許多人堅持要有那第一張支票，彷彿那是安全毯。我比較喜歡的創辦人，是願意在投資者出現、並搬走部分壓力之前，就早早開始追求夢想。

根據我的經驗，這發出的信號就是，萬一這些創辦人有一天把錢花光了——幾乎所有新創公司都有這麼一天——他們有可能會恢復自己不支薪的狀態，同時靠自己的努力推動公司前進，以便挽救事業（還有你的投資）。

這些就是我面對的人，有騙子也有建造者。

大家知道你是天使之後，會有大量想要你支持的創辦人蜂擁而至，而大多數都不是「血汗股權」的類型。

大部分自詡為創辦人的，都在等著天使拿5萬美元支票欽定給他們，才開始進行PowerPoint投影片以外的事情；或者更糟糕的是，用欺騙虛幻的冗長電子郵件，說明為什麼別的構想都爛透了，只有他們抄襲模仿的構想才會成功——目的就在於讓你相信他們，並給他們開張支票。

如果一個人在沒有資金下，能創造的最多就是PowerPoint投影片、或是令人難以忍受的電子郵件，他們已經排除自己經營新創公司的資格——而你應該以自己的風格告訴他們這一點。

我不建議用我的風格，我的作風就是生硬粗暴、傷人感情，但是用在我的個人品牌和目標卻很有效。我通常會告訴想當創辦人的人：「我投資創造東西的人，而不是談論創造東西的人。」

如果你還看不懂，我的做法就是批判挑釁。我擺出這種作風有兩個理由：首先，因為我就是這樣的人；再者我會藉此趕走弱者，並與強者建立深刻而有意義的有效關係。

自立創業

血汗股權的另一種形式稱為自立創業（bootstrapping）。自立創業意思是用盡所有你能拿到手的資源解決問題，把自己拉拔起來。

血汗股權的公司已經靠團隊的人才建立自己的產品或服務，但自立創業的公司可能有些外來的幫助，但不是來自投資人。舉例來說，很多時候新創公司的創辦人會找到客戶，而客戶願意付錢買他們用血汗股權建立的產品。

從這方面來看，不靠血汗股權建立的自立創業公司，比只靠血汗股權建立的公司好，因為**更有**資源。

我創立的第一份實體事業，一家名為《矽巷報導者》(*Silicon Alley Reporter*)的雜誌，就是不用血汗股權建立的自立創業公司。我包攬了大部分的文章、照片，預售廣告給朋友的公司，包括睿域行銷（Razorfish）以及創投公司傅雷提隆（Flatiron Partners）——當時是1995年。

「自立創業—bootstrap」這個字的起源是十九世紀的美國，當時是說用靴子後面的帶子拉自己翻過圍欄。我不想在這本書浪費太多時間解釋這個字的起源，因為我看到其他作者老是重複做這種事，然後心想：「這可惡的蠢蛋只是想拿維基百科上找到的資訊填充篇幅，因為他們根本沒有什麼重要的東西可以寫。」

親朋好友

新創公司也能從非專業天使取得資金，例如某個有錢的舅舅或靠著翻修二手屋轉手大賺一筆的朋友——即被視為完成他們的「親朋好友」輪。

這些人通常介於堅毅不拔賺取血汗股權的自立創業者，與沒有天使投資人的加持支票就不開始動手的玻璃心小寶貝之間。

一方面，他們厚著臉皮拿家人的錢，萬一賠光了，那到了感恩節就會尷尬難堪；但另一方面，他們也可能是任性又固執己見的夢想家，不在乎燒光朋友和家人的錢。

只進行親朋好友輪的創辦人，光是看他們的效率和資源，就能看出你是和哪一種人打交道。舉例來說，如果他們從祖母和大學室友籌募到那邊10萬美元，並將其中7.5萬美元用在試驗工坊，2.5萬美元用在公關公司，那與你打交道的這個人，不同於血汗股權的那批人，大概沒有創造的能力。

這種創辦人在我這一行被稱為「支票機」。

他們通常十分善於花錢和編故事，但最後往往變成慣性乞討，和實際的產品及顧客太過脫節，達不到產品與市場相契合，只除了會找投資人。我找的是鬥志旺盛的創辦人——我們稱為資本效率（capital efficient）。

自籌資金

通常你能投資到的最佳對象，是那些已經自己投入資金的人。當我遇到創辦人說：「我目前自己提供資金給公司。」我會立刻想知道兩件事：你如何、又為何這麼做。

首先，你注資給自己的新創公司的資金從何而來，以及你目前花了多少？你是有信託基金的富二代，還是你賣了上一個新創公司？你是負債才走到這一步嗎？

為什麼你沒有為自己的新創公司籌募資金？是因為你繼承來的財產不花不痛快？還是你是那種連續創辦人，喜歡百分百專注建立一個最小可行產品[1]，在確定可行之前，不浪費時間對著投資人推銷構想？

當我遇到一個負債給新創公司自籌資金的人，我就開始擔心，尤其是當他們自己有家庭。在我看來，如果你有家庭要照顧，卻將他們置於險境，自己去追求建立一家公司，而這家公司無法憑藉血汗股權、自立創業、親朋好友的資金，或是讓專業投資人注資，那麼你極有可能是瘋狂愚蠢。

我的意思是，如果你投資自己的新創公司，單純是因為其他一百位投資人忽略了你的理想——他們比你更有經驗，而且是以此為生——你在這種狀況下願意拿整個家庭的未來冒險，基本上你就是在說全世界都錯了。

那樣並不會讓你在我的書中顯得勇敢，反而會像是一個

---

1 最小可行產品（MVP）指有部份機能、恰好能讓設計者表達其核心設計概念的產品，可提早用於市場分析。

極度不負責任、或固執己見的混蛋。

比起拿家人的未來冒險，還有許多更好的選擇。

何不改進你的構想？何不學著編寫程式碼，並在舉債之前先給你的新創公司投資自己的血汗股權？何不找另一家已經收到數十位天使投資人投資的新創公司，和他們一起改變世界？何不等到你有個構想能吸引天使投資人？

孵化器注資

創辦人還可以加入孵化器或加速器（Business accelerator），以便獲得適量的注資。大多數的孵化器會在種子輪給創辦人2.5萬至15萬美元，換取新創公司的5%至10%。

還有孵化器專注在醫療保健、硬體、企業級軟體、行動，以及各種領域。孵化器過去十年才在矽谷流行起來，其實有部分也是造成我們看到的新創公司數量大爆發的原因。

新創公司（或者像我說的，新創公司實驗）的數量增加如此急遽的另一個原因，就是產品進入市場的成本已經從數百萬美元，大致降到2.5萬美元到25萬美元之間。

多數大公司不是出自孵化器（優步、臉書、特斯拉、Google），但偶爾還是會出現一家大企業。其實，只有一家100億美元以上的企業是出自孵化器，那就是愛彼迎。價值在100億美元以下的Zenefits、Stripe，和Dropbox也出自孵化器。有關孵化器在第23章有更多討論。

有些新創公司現在開始在孵化器間跳槽，從一個方案跳到另一個方案，收穫是10萬美元或一大堆建議，但是也會有一再稀釋資本結構表的複合成本。

如果一個創辦人面臨選擇，是要讓公司倒閉、還是找第二家或第三家孵化器再給一次機會，我認為後者並不是壞事——肯定比倒閉好。

種子／天使注資

大部分創辦人是靠著成功完成前述「早期階段注資五策略」中的二、三種，才得到種子輪。舉例來說，有人在取得天使輪之前，先透過預售軟體給兩家公司，努力自立創業進入孵化器。

基本上，你身為天使的職責，就是監測從這些管道出來的人，並挑出最優秀者。

你在做的事情，本質上就像大學球探之於高中球員，你的觀察對象還在發展，還在球場上沉浮。遴選無法做到完美無瑕，但你可以發展出策略細細篩選。

這正是本書的真正用意，幫你挑選得更好。

有些著名的創辦人、討喜的產品，以及火熱的市場，可能打從一開始就贏得種子輪，跳過了前面五個階段。舉例來說，如果你在2014或2015年優步與愛彼迎正火熱的時候，做出一個非常出色的隨選服務應用程式，說不定很快就發現在你的產品推出前，能進行籌募150萬美元的種子輪。

我們常常看到有創辦人將新創公司賣給Google或臉書，他們先前只是建立一個基本產品原型，或者更瘋狂的是只有一堆投影片，就迅速募集到高額的種子輪。

當一個類型或創辦人脫穎而出時，投資人可能非常興奮，而他們在激動興奮時會降低標準，因為他們相信那些新創公司會順風而起。這也可以理解。如果有人建立一家公司並賣給了Google或臉書，他們複製經驗的機率將會大幅增加——說不定這次會公開上市——因為他們已經上過競技場。

過橋融資，又稱「種子+」

大部分創辦人都低估了需要花費多少時間乃至於金錢，才能達成進行下一輪募資所需的里程碑。當一個種子階段的新創公司花光了錢，卻還沒能達到讓創投公司進行A輪注資的目標，或者尚未達到損益平衡或獲利，這時他們會做所謂的過橋融資（bridge round）。稱為過橋融資，是因為那是介於他們的現狀與既定目標之間的橋梁。

這一輪的注資通常來自種子輪的同一批投資人。那些投資人要面對的是，如果不繼續注資這家新創公司，所做的投資就血本無歸，所以他們多半傾向於積極「搭橋」。

參與過橋融資可能會「把錢丟進海裡」，天使注資一家掙扎求生存的新創公司，甚至是一家可能失敗的公司，是出於對創辦人的忠誠或者出於他們自己的自尊——而不是基於新創公司的核心基本面。

這種事我就做過許多次，因為我這個人天性樂觀而且願意相信他人，但在我當天使投資人的早期卻是出於自尊這樣做。如果我投資的新創公司失敗了，那一定表示我錯了。而我討厭出錯。

現在，每一次被要求參與過橋融資，我都會用一個簡單的問題來觀察：從我開始投資以來有什麼改變？

如果改變的是我對創辦人執行能力的信心，或者我們了解到市場其實並不想要或需要這個產品，那我就可輕鬆地回答創辦人：「我堅持不變」或「我不會參與這一輪」。

創辦人通常會想知道為什麼，而我傾向對他們開誠布公，但我未必會建議你用同樣的做法。我看到的其他天使大多只會說「我們目前不投資」或者「我們不做後續注資」，其實他們真正的意思是「我們只對突破性的成功和真正信任的創辦人做後續注資」。

可以符合「有什麼改變？」的答案，通常會是創辦人和他的團隊已經對顧客有大量認識、創造了有前景的產品，也知道應該做什麼才能達到損益平衡。

在這些情況下，很容易就能判斷是否有理由繼續投資。

這裡有一個鄭重提醒：過橋融資的估值與條件。

如果種子輪的價值為400萬美元，而且公司學到很多又爭取到一些顧客，但估值維持不變，你應該投入比原先更多的資金。這是更理想的交易。公司現在更有價值。

如果種子輪為400萬美元，而公司要求800萬美元的過橋融資，你應該問創辦人，「你是怎樣得出這個估值的？」我喜歡在這個問題之後留下長時間的停頓，讓創辦人可以說實話，我也能了解股份是否真的有雙倍價值。

如果沒有，我只會說：「我基於估值的考量會跳過。」

有時候創辦人會在種子輪籌募800萬美元，並達成還不錯的金額，但沒有人會以同樣的估值在過橋輪注資。這種情況下，投資人或創辦人可能建議「打折融資」(down round)或「給點甜頭」(pot sweetener)。

打折融資意思就是改變公司的價值，讓上一輪投資的人降低此次投資金額。當市場像2000、2001及2008年崩盤時，許多新創公司都經歷過打折融資。

另一個處理過橋融資不成的方法，就是維持估值不變，但給過橋投資人「一點甜頭」——紅利。有幾種金融和法律工具可以做到。一個是清算優先權(liquidation preference)。另一個選項是發行認股權證(warrant)。

在這兩種情況下,投資人通常從額外的股票獲得二、三倍價值的現金。因此,如果我原先以每股8美元買了一萬股,或許有另一個選項——認股權證——未來以每股0.01美元購買一萬股。

矽谷這邊的人喜歡「清楚乾脆的條款」,意思就是他們會避免像認股權證和清算優先權這樣的工具。事實上,目前這些在矽谷多數專業人士看來有掠奪之嫌。

而在東岸或歐洲,投資人更加保守,突破性的成就也大不如矽谷,他們通常就會傾向採用這些「下檔保護」。

A輪

A輪(Series A)是一家新創公司最夢寐以求、也最重要的一輪,因為通常是由專業的創投公司進行,而且會加入董事會,建立適當的「治理」。

適當的公司治理意思是說,有個董事會將舉行會議做出決議,目的都是為了提高公司的股價。

在A輪之前,創辦人通常不必對任何人負責。沒有董事會,沒有董事會議,沒有董事會決議,也沒有人專注在股價,因為焦點相當正確地放在努力使產品與市場相契合。

一旦有了A輪，執行長（CEO）就要將20%的時間花在「經營董事會」。這代表每六到十週舉行一次、或一年六到八次的董事會議。他們得準備董事會議投影片，得有個律師針對員工的股票選擇權設計辦法，他們基本上將有個老闆。

身為天使投資人，你偶爾會有機會投資A輪，但是不常。為什麼？因為創投公司貪婪又有大把籌碼。當他們發現一家新創公司值得注資500萬美元或1,000萬美元，估值有1,200萬到2,500萬美元，他們會大口吃下所有能吃下的股份。其實，A輪的「主要投資人」（lead investor）有時候有權核准其他投資人！

如果你跟一家實力強大的創投公司一起進入A輪，你要不是跟創辦人關係良好，對方要求給你配額，那就是你提供龐大的價值，而創投公司認為你在**他們的**公司擁有股份，可增加所有人的股份價值。

如果**你的**新創公司之一，即你進行天使投資的公司，獲得知名創投公司的A輪注資，你會希望把籌碼都撈進彩金池，盡可能「按照比例」多拿股份。

按照比例分配股份，意味著你要維持在一家公司的所有權百分比。通常在進行天使投資時，你不會有按比例取得股份的權利，除非你有提出要求，那才會有。沒有權利按比例取得股份的交易我再也不會做。如果有人認為即使我是他們最早的支持者之一，也不應該維持我的所有權百分比，那很好，我不是適合他們的投資人，而他們對我來說也不是合適的創辦人。

不給天使權利按照比例取得股份是失禮不尊重人。言盡於此。

B輪、C輪、D輪、E輪、F輪與夾層輪

在A輪之後，你大概不會再積極投資這家公司，而公司也在朝退場的方向邁進。其實，如果你的天使投資開始籌募B輪、C輪、D輪，甚至更多輪的融資，或許你該考慮在「次級市場」賣掉部分持股了。

請記住這句古訓，當有錢人被問到是怎樣致富的，他說：「早早脫手。」

我們將在第30章討論退場。

但首先必須帶你進入這場比賽。

而我有訣竅可以幫你開始。

第 8 章

如果沒錢或錢不多，要怎麼當天使投資人？

資本結構表基本原則

身為天使投資人，你的職責是提供金錢、時間、人脈網路，以及專業技能給新創公司，以便「進入資本結構表」。

資本結構表，是一家公司所有股東的官方名冊，裡面包含了他們為各自的股份付出多少，以及各自擁有何種類別的股份，不同的股份類別享有不同的利益。我們會在第30章討論股份類別的差異，以及保護天使股份的方法。

進入資本結構表最簡單的方法就是買股，但這需要兩點：

1. 金錢。
2. 進入交易的門路。

當你開始與新創公司碰面並進行天使投資，見到的創辦人大多無法為他們的新創公司籌募資金。如果是優秀的創辦人，例如創辦Zynga的馬克．平克斯（Mark Pincus）以及創辦Blogger、推特、Medium的伊凡．威廉斯（Evan Williams），拜他們傑出的歷史紀錄和人脈之賜，不但能在頂尖的天使投資人中自行挑選，還能靠他們過去的退場挹注自己的公司。

那些創辦人不需要你，他們不需要你的資金，也不會去認識你。你需要找到能成為下一個平克斯或威廉斯的創辦人。

及早進入一場熱門交易的唯一方法，就是受邀入場或者運氣好。在你一開始投資時，應該盡可能多認識人，但投資的交易盡量少。

基本上，你應該安排很多約會，但是先不要給任何人提議。我們還需要說明如何建立交易流，並討論在提案說明會議的前、中、後段該如何表現。

登上資本結構表的五種方法

簡單來說，資本結構表上有五種人：創辦人、員工、顧問、天使，以及創投業者。

公司沒有創辦人就不存在。他們以100％擁有公司開始。在一家公司的生命週期中，創辦人會接下大部分的工作。創辦人生命的每一分鐘——不管是清醒還是睡著——都用在為新創公司努力。

員工花在為新創公司努力的時間是第二多的，但他們的存在並非百分之百和公司緊密相關。不同於創辦人，員工通常從選擇權股票庫（option pool）中取得他們的股權。選擇權是指未來以低很多的「履約價」（strike price）購買一定數量股份的權利，而履約價則是按給予選擇權時的公司估價而定。選擇權是鼓舞員工動機的好方法，因為他們這時也是公司的老闆之一。選擇權通常滿四年才會生效。所以如果有員工兩年後就離開公司，他們只能拿到准予給他們的一半選擇權，剩下的則回到股票庫中留待未來的員工。

第三種就是顧問，又稱貧窮天使（broke angel）。他們拿能力、時間、人脈，以及聲譽交換股份。

第四種是天使投資人。就是你！你的人生不會全部耗在一家新創公司。你的職責是在沒有人願意的時候支援創辦人，並將他們送到專業投資人的手中。

第五種是創投業者。他們比較晚進入，會等到很多風險都已經排除，而他們的職責就是幫助公司從青春期轉型為成人。

股東動機

這五種所有權人都在朝一個共同目標努力：增加公司的價值——或者說，至少應該如此。

其實，那正是公司存在股份的原因。那是讓所有人輕鬆了解關鍵問題的記分卡。

如果你是一家新創公司的天使，該公司發行五千萬股，企業價值500萬美元，那就是每一股價值10美分。

在這種情況下，如果你擁有該公司的2%，那就是擁有一百萬股。兩位共同創辦人可能各有一千五百萬股，可能所有員工參與五百萬股的員工選擇權，一家創投公司可能擁有一千萬股（該公司的20%）。

你現在做決定完全可以根據讓公司估值達到5,000萬美元為目的，這樣以5,000萬的在外流通股來說，代表一股價格為1美元——比起公司在種子輪時的價值500萬美元，翻漲了十倍。

在面臨決策時，例如「我們應該以5,000萬美元賣掉公司嗎？」或「我們應該以公司的20%增資1,000萬美元嗎？」，根據資本結構表的資訊——能開誠布公地討論這些問題。

事實上，這是股東經常要面對的狀況：我們應該現在賣掉公司，還是先增資，等以後再賣？

對兩位各擁有一千五百萬股的創辦人來說，他們往往忍不住想盡早賣掉公司。在這個情境下，他們能馬上各自拿回1,500萬美元，而他們可能有龐大的信用卡和學生貸款債務，卻只有新創公司的微薄薪水又加上零存款，這一切是很難拒絕的。

至於付出10萬美元換取一百萬股的天使投資人，拿回100萬美元是個難以拒絕的美好結果——獲利90萬美元！他們或許也考慮在新一輪將一半持股（價值50萬美元）賣給投資人當「白癡保險」(idiot insurance)，以防公司最後失敗，而另外一半則仍按兵不動。

在這個「賣一半」的情境中，他們回收了10萬美元的投資，並獲得40萬美元的投資獲利，但還有1%的公司股份靜待未來的成長。如果公司失敗了，他們會覺得自己像天才，因為他們的投資翻了五倍，而其他股東卻全部輸光。

不過，如果新創公司成了一股價值20美元的獨角獸，他們會一直想著從前以1美元賣出了五十萬股，等於白白損失了每股19美元的成長——或950萬美元。當然以此類推，他們賣出另外五十萬股獲得1,000萬美元時，是以10萬美元的投資獲得1,040萬美元（或者一百零四倍的回報），而非1,990萬美元的現金（一百九十九倍的回報）。

這是個很大的問題。同樣正如那句老話：「早早脫手讓你致富。」

重點在於，關鍵只看兩個數字：你投入多少，以及你拿回多少。你的股份在高點時價值多少，根本不及你選擇賣股份的時機來得重要。許多投資人在臉書以一股18美元首次公開發行之後不久就把股份賣掉，因為當時祖克柏無法解決行動化問題。那些投資人錯過了上漲到一股130美元的漲勢，祖克柏眼下掌控了行動界，正是受到他看似瘋狂、片面決定收購Instagram（用10億美元收購當時只有十三名員工的新創公司）與WhatsApp（大約200億美元）的刺激。

別人的錢

如果在這家500萬美元的新創公司資本結構表上，你看見了創投業者，你必須了解他們是以迥然不同的公式在運作，因為他們投資的是「別人的錢」。

創投業者拿別人的錢投資，並取得20%的「附帶收益」（carry），或者說得簡單些，就是收益的20%。以我們的例子來說，如果投資新創公司的創投業者擁有一千萬股，每股支付10美分，這筆投資的基本成本就是100萬美元。如果增值十倍到一股1美元，那就是獲利900萬美元，創投業者（那些股份的決策者）將獲得其中的20%，相當於180萬美元，是很大的一筆獲利，只不過大多數創投公司會有六個合夥人要瓜分那筆獲利，各自得到30萬美元。

換句話說，天使可獲得90萬美元的獲利，但這筆交易中的創投業者還有另外五個合夥人，所以只得到30萬美元——等於180萬美元（總獲利的20%）的六分之一。那個數字是自己拿錢投入的天使投資人所得的三分之一。

創投業者在面對5,000萬美元的退場，其獲利大概足夠支付他們在矽谷的家庭生活開支十個月，你認為他們會有什麼提議？他們會說：「我們繼續吧。我們來創造一個獨角獸！」

創投業者也有董事會席次，極可能會盡其所能敦促創辦人全力一搏——而且理當如此。如果公司價值增加二十倍，這個創投業者拿到的附帶收益也有二十倍——每位合夥人600萬美元！

新創公司的創辦人通常太早脫手，能賺的錢卻沒賺到。創投業者通常強迫創辦人堅持下去並全力一搏，冒著公司失敗的風險也要鎖住獲利。我們天使投資人一般都是跟著湊熱鬧。好消息是，我們這一行已經了解到這種利益的分歧，並想出一個有效的辦法來解決：二級市場交易（secondary share transactions）。

如果一位創辦人擁有公司35%所有權，自己銀行帳戶裡卻沒有錢，當他得到1億美元的提議，他們面對的是3,500萬美元的鉅款，人生肯定會改變。以現在這時代來看，我認為你賺的第一筆500萬美元是「稍稍減輕負擔」的錢。你現在有十年的資本當作後盾。不過，在突破1,000萬美元時你會有個「脫離速度」，到時候再也不用努力工作了。一年50萬美元的利息應該能支應你一生的生活。

不過，當你拿到超過2,000萬美元，你就進入了「去你的臭錢」之境，在此你可以叫任何人滾蛋。根據我的經驗，那個過程是從槍口下的巨大壓力，到可以隨便叫礙手礙腳的任何人給你跑腿——對創辦人的決心是危險的考驗。

二級銷售[1]

這時候二級銷售登場了。創投公司會做的，就是試圖收購創辦人部分持股，以提供我們先前說過的「白癡保險」。這是種微妙的平衡，通常導致的結果就是創辦人出售持股部位的10%至20%，以上述例子來說相當於350萬美元到700萬美元，扣除稅額大約會落在「稍稍減輕負擔」的範圍。這是創投業者願意給創辦人的額度，以便讓他們有繼續進行的自由，又不會分散他們的心力。這只夠讓他們買輛豪車、坐商

1 二級銷售（secondary sales）表示私人公司的股東（通常是指創始人之一、早期員工或早期投資人）將其股分出售給另一買方。

務艙、買棟不錯的房子，並清償學生貸款。

創投業者其實不喜歡創辦人達到「脫離速度」或者進入「去你的臭錢」範圍，因為這可能會導致創辦人走進董事會議，說「去你的，我會自己注資公司。」或者更糟的情況，他們會「不進公司」說：「我再也不用管你們這些狗屁東西了，我這一整年都要在內克島（Necker Island）風箏衝浪。」

對天使來說，二級股（secondary shares）是回報收益「成本平均分攤」（dollar cost average）的聰明方法。如果你有機會在首次公開發行之前出脫持股部位的25%一次、二次，這會是明智做法，因為我們看過太多、太多價值億萬美元的公司化為烏有。

科技新創公司的上升速度僅次於它驟然崩潰的速度。切記，這些是火箭船，有時候會在正要抵達軌道前爆炸——去問馬斯克就知道！

貧窮天使

但如果你沒有錢該怎麼辦？有辦法躋身資本結構表嗎？正如我們在第4章討論的，有一群稱為顧問的人，靠著人脈網路和知識——有時候還加上特約工作——交換一家公司的股份。

給新創公司做諮詢顧問，通常是成為天使不錯的晉身之階。我在下一章會告訴你，我當顧問的成敗苦樂。我甚至會指名道姓。

創辦與注資

此外，還有兩種方法可以躋身資本結構表：你可以創辦／共同創辦一家公司，或者在一家公司工作而慢慢讓獲得的股份生效。當然，如果你這樣做，就會有四年的時間（一家公司的創辦人或員工「授與」股份生效所需的時間）把自己困在一張彩券（或資本結構表）裡面。

假設你花二十年當新創公司創辦人或早期員工，做著極其困難又報酬過低的工作，這樣大概有三、四次揮棒機會。由於70%的新創公司會失敗，我猜想你在職業生涯中會有一次或二次獲得成功。不過，你有很大的機率沒有退場的機會。連續三次都錯過那30%成功機會的機率約為35%（70%*70%*70%=34.3%）。此外，也有可能只是小小的「成功」，也就是說，你只賺到了100萬或200萬美元。

事實上，可能發生的情境是你耗費了二十年的青春拚命，或許贏得一次不錯的成功紀錄，並為自己賺進幾百萬元。這樣的結果不賴，但並不是我們在這裡努力追求的超級成果。

身為天使投資人，我一年投資三十家新創公司——大約每隔一週投資一家。

身為創辦人感覺很美妙，因為你親手建立你希望在這世上看到的東西，而且你是自己公司的「天王／天后」，但這極有可能不利於創辦人賺取大筆回報，反而有利於終身天使或創投業者致富。

當然，要當個天使或創投業者，必須有這些籌碼、能力、人脈，或知識可以發揮。

第 9 章

顧問的利與弊

就像我在第8章提到的，新創公司的資本結構表上有五種人：創辦人、員工、顧問、天使，以及創投業者。

創辦人和員工靠著全職工作建立公司而賺取股份。他們每天進辦公室，並在四年後獲取各自的股份，他們所有的雞蛋都放在一個籃子裡。

天使和創投業者買進一家公司的股份，不會每天進公司的辦公室，更將注意力分散到許多不同的公司——而且同時在尋找新的公司。

一家公司的顧問不是拿現金買股份，而是將他們的資源提供給公司，不管是他們的能力、名片盒，還是聲望。他們將自身品牌權益[1]添加在一家通常不存在品牌權益的新創公司上。

總得有個起點

在我的職業生涯早期，我的錢還無法達到多數新創公司要求的最低投資額，一般是2.5萬美元或5萬美元，但我有名片盒、人脈關係，還有很多新創公司的專業技能，特別是在行銷和公共關係方面。

因此，我加入一些新創公司的顧問委員會和董事會，期望能拿到一些現金。

我成了幾家新創公司的顧問，包括Wealthfront。

我加入了ThisNext、Savings.com，以及Dyn.com的董事會。

我總共給六家新創公司當過顧問，一般是提供兩年的服務。而在這七筆交易中，令人震驚的是有三家讓我賺了約70萬美元。其中一家Wealthfront仍相當活躍。只有少數幾家真的關門大吉。可惜的是，有一家新創公司的創辦人受到一個腦殘創投業者的影響，逼我交出我擔任顧問換來的股份。我稍後會在這一章告訴你這個故事。

我猜想Wealthfront的回報會有Dyn那麼多，可讓我的顧問／董事紀錄留下二次全壘打、一次二壘安打、一次一壘安

1 品牌權益（brand equity）是聯結於品牌、品牌名稱和標誌的資產與負債總和，可能增加或減少該產品或服務對公司與消費者的價值。

打，還有二次三振。那是不可思議的.667打擊率，大概很難複製或長久維持。

機會成本

現在只有在公司湧現或遭遇某種不友善的攻擊，需要我加入董事會保護他們和其他股東（這是主要條件），我才會在我投資組合的公司裡擔任董事。

在我自己的投資之外，唯一會加入新創公司董事會的情況，只有可能是創辦人是朋友、或我對該公司的感情十分強烈。為什麼？人生短暫，現今進入董事會的回報相較於我當投資人的回報，實在微不足道。當然，在董事會任職賺個10萬或50萬的酬金很好，但是考慮到這些酬金需要開五十到兩百個小時的會議，還要工作二、三年，就牽涉到嚴重的機會成本（opportunity cost）。

機會成本是生活中極為重要的概念，所以我們在這裡稍作討論。我對機會成本的定義是「時間運用不當而導致的利益流失」。

舉例來說，如果你是一家新創公司的執行長，決定花十個星期，每星期用二十個小時自學設計，以便省下雇用特約設計人員的1萬美元，這聽起來似乎是個好方法，不但能壓低成本又同時讓新創公司發展——但你能一口咬定？

一切很容易計算。你只需要問問自己，這兩百個小時還可以用來做什麼，以及對你的新創公司能有什麼影響。

以上述例子來說，創辦人可以主動寄電子郵件給三百位陌生的天使投資人，並且加上後續的追蹤（每個天使二十分鐘，總共六千分鐘），再與當中前五十位見面（外加每次路程兩個小時，總共一百個小時）。如果你寄出的三百封電子郵件的1％至2％能夠落實，那就是三到六位新的天使。那些天使通常各會投資2.5萬美元至10萬美元，總計會給你的新創公司挹注10萬至25萬美元。

現在比比看這兩種方式的結果：節省1萬美元或者籌募到10萬美元以上——哪一種更善用你的時間？顯然是後者，這就代表我們這位非設計人員的創辦人若浪費時間學習設計，將有龐大的「機會成本」。

當然，除非這家新創公司因為設計太糟糕、而且創辦人過去又沒有成績，所以還沒有能力籌募資金。我們在這種狀況會比較以下兩種能力——寄發電子郵件給三百位天使後卻一毛錢也沒募到的能力，以及將產品做到讓「投資者就位」的能力。用沒有成效的電子郵件企圖爭取沒有意義的會面，相對於用自己的血汗股權（見第7章）創造出吸引人的產品，就是龐大的機會成本。

如何有效率地分配有限的時間與精力，是你身為投資人、創辦人、家長，以及人類必須時時面對的。不重新審視自己對時間的分配，有相當高昂的代價，將導致你耗費太多時間在注定讓你失望或摧毀你心神的新創公司、婚姻、友誼或投資，給你帶來無限悔恨。

在你閱讀或聆聽這本書時，你只需要在地鐵、公車或高速公路上，環顧身邊的無數陌生人，思考著自己人生的機會成本。

我無法告訴你，我有多少次掙扎著是否要寫這本書，我問自己：「這是我最能充分利用時間的方式嗎？」萬一沒有人看這本我花好幾個月撰寫、又將花好幾個月宣傳的書？我為了這幾萬字投入的幾百個小時，還可以拿來做什麼？

你可以報答我分享這些年來費心蒐集、又花了六個月撰寫的所有祕訣，只要你學會了這些方法並實現豐厚的報酬。只要你們當中有一人因為這本書成為千萬富翁、億萬富翁、兆萬富翁，就會令我開心不已。等你成功時，請務必邀我去你的私人遊艇，一起吃昂貴的海陸大餐並舉杯致敬，說你以前太戰戰兢兢或渾渾噩噩，沒能正確分配時間，直到讀了我寫的東西。

我正計算著時間，看什麼時候會有人寄電子郵件給我，告訴我這本書徹底改變了他們的人生——以及家人朋友的人生。這種事一定會有，我確定。我猜想那人會不會是你，沒錯，就是現在一邊讀、一邊竊笑的你，將具備開支票給下一個Google、臉書、蘋果或優步的那般膽識。

我的第一張顧問支票

2004年時，我身無分文正努力尋求突破。我的第一個新創公司是名為《矽巷報導者》的平面雜誌，已經低價賤賣給道瓊通訊社（Dow Jones）。我等於是付出七年努力拿到了兩年薪水。我搬到聖塔莫尼卡（Santa Monica），與最後和我步入婚姻的女人一起靜待契機。

在我進入這一行時，我的朋友傑佛利（Mark Jeffrey）讓我睡他家的沙發，把我介紹給他的合夥人迪隆（Jas Dhillon）。當時他們創立了一個商業社群網路ZeroDegrees。我在2003年初發現這項服務，時間是在領英推出的半年前，也是臉書推廣到大學以外的三年前。ZeroDegrees在領英已成今日傳奇的B輪提案投影片中，甚至是競爭分析（competitive landscape）的重點。

我不過是這家公司的顧問。每幾個月就和迪隆在瑪麗安德爾灣（Marina Del Rey）的麗思卡爾頓酒店（Ritz-Carlton）共進早餐，就這家新創公司的新類型，給他一些產品意見回饋。

等到公司在2004年賣給媒體大亨巴瑞・迪勒（Barry

Diller）的網際網路公司IAC，我拿到了一張1.6萬美元的手寫支票。那對我來說是神奇的一刻，就像別人的辛勤努力獲得回報時，我也得到了報酬，而且讓我想參與更多新創公司。

蓄積力量

幾年後，在我將自己的部落格公司賣給美國線上（AOL）之後，引起了媒體和投資圈的廣泛注意，因為我精通憑藉內容、搜尋引擎行銷（SEM）以及搜尋引擎最佳化（SEO）來建立新創公司。

一家名為Savings.com的公司，在距離我位於聖塔莫尼卡月租2,200美元的二房公寓一英里處有間小辦公室，他們請我加入董事會分享知識。

董事會裡有一大堆創投業者，而我發現那些無聊的會議因為我的出現而更加有趣、更有希望，也更有創業精神。我漸漸不只是以行銷大師的身分為人所知，還以執行長的激勵者而聞名。

這家公司後來賣給一家更大的競爭對手，而我因為在董事會的服務獲得15萬美元——是我在ZeroDegrees擔任顧問所得報酬的十倍以上。

我在這個領域更上一層樓。

豐功偉業

2012年四月二十一日，我收到約克（Kyle York）的電子郵件，他工作的新創公司Dyn位於新罕布夏州，在矽谷這邊幾乎無人知曉。他們想籌募第一輪資金，想要有個獨立董事幫忙引導他們進行募資和新創公司的概況簡介，所以我猜他們問自己：「在矽谷最口無遮攔的是誰？」然後決定就是我了。

他們在電子郵件中說明，他們不但營收達到百萬美元，獲利也是。我收到這封郵件既是震驚又是歡喜，因為在一艘火箭船起飛前登船總是件好事，而且Dyn在請我登船時就已經上了軌道——這是極為罕見的。

「好，我願意轉移到你們那艘上了軌道的火箭船。」我這樣告訴他們，然後有兩年時間，我差不多就像在Savings.com時一樣，給公司和董事會會議帶來激勵振奮、希望與行銷策略。我的播客、部落格、電子郵件以及研討會——還有我在「計程車公司」的投資——讓我在矽谷小有名氣，我竭盡全力宣傳推廣Dyn，稱它是「美國東北的Google」，而這個稱號廣為流傳。

等我結束在董事會的兩年任期後，又過了一年，我執行即將到期的股票選擇權，結果花了我幾萬美元。然而我的信念立刻獲得回報，在我執行的三個月後，這家公司被甲骨文以超過6億美元買下。

我的收穫將近50萬美元，是我在ZeroDegrees擔任顧問所得的三十倍以上，更是我在Savings.com擔任董事的三倍。全都不是公司的投資人。

如果有機會，擔任董事或顧問是不錯的工作，但你必須願意花個十年以上在需要你的小小新創公司工作，未來才會有更大的、沒那麼需要你的公司讓你加入他們的董事會。

我即使到了今天，有更高的知名度與聲望，還是沒有被邀請加入大型上市公司或上市前公司的董事會，如推特、Snapchat，或Google。我可以理解，因為我沒有那種經驗，但還是會覺得沮喪，因為那也算在我的專業目標清單內，而且我看到太多蠢蛋加入那些董事會，卻把雅虎之類的公司搞得一敗塗地。

當我其中一筆投資公開上市，我或許有機會加入大型董事會，但目前我還是繼續一次只努力進行一筆投資。

路線衝突

有一次我前往芝加哥，在一場研討會發表有關行動新創公司的演說，當地有個創業者找上我，他已經聯絡我好幾個月，想讓我參與他在禮物卡領域的新創公司。

我們就叫這個創業者「亞歷克斯」吧。

亞歷克斯和我一樣是希臘裔，而且對自己的新創公司充滿熱情，於是我同意跟他共進午餐。坦白說，到底是要和一群穿著爛西裝的行動廣告科技主管坐在一起吃酒店宴會廳裡乾巴巴的雞肉，還是要和一個熱情的創辦人去吃當地的希臘菜，這個選擇一點都不困難。

那小子極度興奮，他有稱霸全世界的遠大計畫。儘管他的公司有個糟糕的名稱，而且還不怎麼吸引人，我卻認為有點意思。我對於投資矽谷以外的新創公司有個法則（見第5章），但他當時不需要資金，所以我接受他的提議擔任顧問。

有一、二年的時間，我們定期通電話。我把他介紹給矽谷的頂尖創投業者，大致做了些優秀顧問會做的事——無論創辦人提出什麼要求。

亞歷克斯是個騙子，也是個非常成功的雜貨商後裔。他在Instagram不停上傳私人飛機和開酒瓶的動態，不但有在知名俱樂部的照片，還在隔間裡跟DJ勾肩搭背。

亞歷克斯是個玩家。

公司的未來看似光明，但是名稱又臭又長。我一再告訴他，如果要讓公司登上一流行列，必須有個更精緻優雅的品牌。

他有一天打電話給我，說了個令人驚奇的消息。他收購了一個只有五個字母的網域名稱。

姑且稱之為Money.com。

我欣喜若狂。雖然我們暫時只是買賣禮物卡，但是一個像Money.com的名稱，未來可以幫我們擴展到其他類別，卻不用重新塑造品牌——就像亞馬遜推出新產品，如Kindle、Fire、Web Service、Echo或Alexa時，不需要構思新的品牌。他們只要將那些字掛到「亞馬遜」後面即可。

中間有一度他對我吹噓說，找到饒舌歌手Jay-Z[2]當顧問，就跟我一樣。他甚至送我一張Jay-Z的簽名。我大吃一驚，因為我知道Jay-Z對自己的品牌態度非常認真。亞歷克斯到底是怎麼讓Jay-Z對一個轉售禮物卡的網站感興趣？我對亞歷克斯的唬爛功力嘆為觀止——我無法苛責。

幾年後，他跟我扯淡說Jay-Z並未在最後期限前執行他的顧問股份，所以他撤銷了文件。我感到不解，因為說服一個高知名度的人擔任顧問，然後為了技術問題就把人除名，這樣其實是很惡劣的表現。

那就好像請史蒂芬·史匹柏（Steven Spielberg）幫忙，在你的電視節目掛名執行製作人，然後在節目紅了之後把他從交易中刪去。你就是不能這樣做。這樣做顯得小氣卑劣又愚蠢，因為人這一生要的就是名聲。

2　Jay-Z是美國獲得最大經濟成就的嘻哈音樂藝人之一，曾任兩間音樂製作公司的執行長，並持有40/40俱樂部酒吧與布魯克林籃網隊的股份。

我發現有個新的創投業者在亞歷克斯搞的惡劣協議中撈錢，恍然明白如果他們願意為了一己之利犧牲Jay-Z，肯定也會為了自己的利益而背叛Jay-C——也就是我。

我跟新的創投業者起了爭執。畢竟我已經簽署文件。我沒有錯過最後期限。可是爭議卻變成我是否履行了協議中應盡的職責，並實現他們期待的價值。最後，他們要求我給公司找幾個員工——其實就是替他們招聘開發人員——才能保住我已經賺取的股份。

那絕對不是我先前同意的。

到最後，我的希臘兄弟亞歷克斯甚至沒有勇氣直接告訴我這個消息。他讓財務長撤銷我所有的股份。他甚至沒有象徵性地給我應有股份的十分之一，更別說我已經授與生效且取得的其中75%。

我可以跟他吵，但是我已經功成名就，跟一個創辦人吵這種事實在不值得。我敢肯定亞歷克斯和他的投資人倚仗的就是這一點。

我考慮過在書中刪除這個故事，但既然我只被創辦人這樣坑過一次，我想這絕對是值得分享的重要故事。此外，我還是很喜歡亞歷克斯，也對這家公司有信心，而且希望他順心安好。或許等他看到這裡會來找我，買些希臘香煎起司（saganaki）來看我，我們就能喝著希臘咖啡，像成年人一般把帳算清楚。

我還是非常肯定亞歷克斯有朝一日會是個優秀的執行長。如果你願意坑殺有史以來最傑出的嘻哈藝人，以及你三顧茅廬求來的早期顧問，那你大概可以賺到很多錢——代價是粉絲和朋友。

這個故事的重點是提醒你，顧問的股份沒有保障，而在未上市公司的賽局中，幾乎沒有什麼規則，卻有許多方法可以坑殺你的合夥人。只需看看祖克柏的早期訴訟官司以及和解協議，就能看出這些事的發生頻率有多高，又會發展到多醜陋。

你將需要一位優秀的律師、定義明確的協議，並慎選合作對象。即使這些都做到了，還是會有人企圖欺騙你。那是金錢、權利的本質，以及最重要的是，公司股份的本質。

當人看到資本結構表上別人擁有多少股份時，真的會變得非常醜陋。

四分之三也不錯

回顧我和Dyn、Wealthfront以及Savings.com創辦人的經驗，他們各個都對我能擔任顧問激動不已，這些年來也持續和我有接觸，沒有人忌妒我的股份累積增加的價值，或者事後企圖重新談判協議。

事實上，Savings.com和Dyn的創辦人很自豪他們的成功讓我收穫豐碩。我們一起贏得勝利，並準備未來成就更多。

身為天使或顧問遇到的經驗，無論好壞都能幫你提升挑選優秀創辦人的能力，並避開差勁、不成熟與無知的創辦人。

人生苦短，你應該把時間用在跟好人合作，如果被坑，就當成是為了把這個人趕出你人生而付出的小小代價。

第 10 章

大學畢業直接進天使投資

賭桌上的笨蛋

如果我能回到過去重新來過，我會在大學一畢業就直接進入天使投資。我在二十多歲時，就敏銳精準地知道一些公司會壯大，從微軟到思科等等。

花了幾年時間在我父母所謂的「玩電腦」之後，我了解整個生態系統，而且清楚看出視窗作業系統（Windows）是微軟從DOS往前邁進的一大步。命令列介面（command line interface）和晦澀難解的語言，把電腦變成了祕密社團，但是圖形使用者介面（graphical user interface）和滑鼠卻把電腦變成了麥當勞。如果我在1980年代目睹這個變化時押注微軟，說服我父親拿出一個週六夜酒吧火熱生意的所得1,000

美元，或是我母親當兩班制護士輪班五天所得，我家在二十年後就有一大筆錢了。

可惡，如果我在1984年微軟公開上市的兩年前、也是我得到第一部PCjr電腦時——可執行DOS和微軟的基本儲存零件——對微軟下了1,000美元的注，我們大概會成為百萬富翁。

為什麼我沒有把握那個機會？我有一星期「玩電腦」六十個小時得到的內幕資訊，但因為我們的思想貧瘠，所以我們依然貧窮。

現在看到這裡的人，沒理由想不出辦法湊出500美元或1,000美元來下注。一般美國人每個月的有線電視費用超過100美元，而且你給共乘服務開車一小時可賺18美元。如果你乾脆停看有線電視五年，用一般美國人一天看電視的五個小時來算，把一半時間用來開車、另一半用來尋找交易，你一年就有超過1.5萬美元可用來做天使投資。

以每家公司2,500美元來說，那就是在你自我設定的禁看電視期間，一年能有四個賭注，五年就是二十個賭注。如果有一個投資的回報是一百倍？如果有一個投資的回報是一千倍？

太棒！太棒了！

不過，大多數看到這裡的人都被社會、父母以及朋友訓練得沒有主見，所以你的空閒時間就是躺在沙發看電視，不知不覺地漸漸消沉，而不是積極地為你的未來下賭注。

你被哄騙。被欺瞞。被愚弄。被下了迷藥。

卻信以為真。

你是賭桌上的笨蛋，不知道你對美國企業來說只是另一個月的訂戶，或者隨機點擊廣告的人。

現在你該從虛幻母體抽身，並領悟你不需要靠著買高級頻道套餐來假裝自己有錢，而是靠著聰明冒險而真正致富。

未來就在我們身邊

我第二份真正的工作是在國際特赦組織（Amnesty International），我給他們安裝第一個電腦網路。他們不讓十幾位高階主管使用辦公室裡掛在專屬電話線、傳輸速率兩千四百波特的撥接數據機收取電子郵件，而是在每個人的電腦放上乙太網路卡，並將乙太網路線穿透牆壁，把所有電腦拉到一個區域網路（LAN）。

我很清楚網威（Novell）、惠普（Hewlett-Packard）、思科和其他這個年代的無數業者將開始印鈔票，但我同樣錯過了那艘船。如果我就拿四十小時的薪資——時薪是令人咋舌的10美元——在1990年思科公開上市時投資，可買到大約一萬股。過了三十七年，那些股票的價值有30萬美元——那是上市公司的成長率。未上市公司的成長可能更快。

如果我能從頭來過，我會給自己的名片加上頭銜「電腦專家兼天使投資人」，拜託我認識的每個人把我介紹給熱門的新創公司。我到時候會懇請創辦人讓我投資，換取資訊科技相關問題的諮詢服務——用我的知識和微薄的現金換取股權。

就算投資失敗了，就算人家嘲笑我自稱天使，就算我一次只投資500美元，我也能學到很多，並認識到許多有創業精神的人。

你可以讓自己貼近已經邁向成功的人，為自己創造人生的機運。

第 11 章

如何切入天使投資：聯合團

最簡單的天使投資法

想要當個成功的天使投資人，你必須投資幾十家公司，而且要在全世界最火熱的市場投資：矽谷。

不過，當你開始當天使投資人時，你在會面和挑選公司上會表現拙劣，其來有自，因為你還太嫩。

如果你能在接下來三十天投資十家新創公司，卻不用自己挑選，只要跟著在這一行年資比你高出許多的其他天使投資人，你會有興趣嗎？

如果你用筆記型電腦就能做這一切，而且每筆投資只要1,000美元，你會有興趣嗎？

這在十年前還不可能，但是過去這五年來，出現一些平台讓天使們得以透過稱為「特殊目的機構」(SPV)的法律結構，聯合組織交易。

天使聯合團

美國有一些網站提供天使聯合團(angel syndicate)，包括AngelList、SeedInvest，以及Funders Club。

成功的天使投資人在這些網站建立投資群組或聯合團，解釋他們一般投資哪些方面、已經投資過哪些(他們的歷史紀錄)、每筆交易通常投資多少(一般在1萬美元到10萬美元)，以及成功退場時會向你收取多少「carry—附帶收益」。

附帶收益的定義是歸給基金經理人的利潤份額——在這裡是指給聯合團領投人(syndicate lead)。

根據維基百科收錄的條目，附帶收益這個名詞可追溯到十六世紀，當時船隻的船長會向商人收取貨物利潤的20%，因為那些貨物是他們冒險費力「攜帶」(carry)到世界各地的。

在這些平台上，聯合團領投人通常會收取15%的附帶收益，平台本身則另行收取5%，總共就是20%。這正是創投公司對自己的投資人——又稱為有限合夥人(LPs)——收費比率，只是有個關鍵差異：手續費。

創投業者一般對他們的有限合夥人收取所謂的「20+

2」：20%的附帶收益和2%的管理手續費。管理手續費由有限合夥人預先付給創投基金的合夥人，以便支付他們的經常性開支（薪水、辦公室空間、TED與達沃斯那種昂貴研討會的門票）。那些管理費用會從報酬中返還，但是這卻成了創投業界和有限合夥人的爭議點。以一檔3億美元的基金來說，2%的管理費是每年600萬美元。就七年的基金來說，那就是4,200萬美元的管理費！許多有限合夥人認為這些費用太過分，想要削減。

但以天使聯合團來說，你只要支付附帶收益。除了一些小筆的法律和申請費用（一般來說每筆交易低於1萬美元，平均分攤給一筆交易中的數十位投資人），並無其他手續費。

像你這樣的個人天使可以登記參加聯合團（如我的聯合團），做無法律約束力的保證，每筆交易將投資小筆金額。在我的聯合團，最低金額是1,000美元，但是多數聯合團將這個數字定在2,500美元，以剔除三心二意的投資人。

當一個聯合團領投人分享一筆交易，聯合團的每位成員都有機會透過新創公司的線上概況檔案評估該筆交易，內容一般包含提案說明投影片，以及聯合團領投人為什麼投資。

聯合團在正常情況下，會與新創公司的創辦人協商配額，金額通常會在20萬美元到50萬美元（或種子輪的10%至50%）。如果聯合團能收攏到足夠的投資意向，交易就算完成。

如果聯合團領投人個人在一筆交易中投資2萬美元，又聯合了另外的20萬美元，等於在這一輪注資中占了22萬美元。

為什麼會有人這樣做？

創辦人喜歡聯合團，因為可以利用已成氣候的天使投資人，幫他們匯聚數十位較小的投資人。

創辦人喜歡天使聯合團，還因為聯合團在資本結構表上只以單一條目存在：特殊目的機構。這代表他們未來進行協議時，不必蒐集幾十位投資人的簽名。只需要拿到法律上代表聯合團所有投資人的領投人簽名即可。

天使聯合團喜歡這樣的方案，是因為只要分享他們的交易流，輕輕鬆鬆就能讓回報增加到三倍。以下面的例子來說，如果我在一家新創公司投資2萬美元，從聯合團籌募到的30萬美元中獲得20%的附帶收益，而該公司的回報為十倍，天使聯合團的領投人獲得的回報就是74萬美元，原來2萬美元投資的報酬為20萬美元。

怎麼說？很簡單。我的2萬美元投資拿回來是十倍的20萬美元，還有從聯合團的回報270萬美元中獲得的20%附帶收益——那就是另外的54萬美元！

聯合團成員喜歡聯合團，是因為他們可以投資資深天使已經審查過的新創公司（但願）。有可能你跟的是個懶惰天使，投資之前並沒有做太多考慮，但即使如此，你最起碼能夠跟著有某些歷史紀錄的人一起押注。此外，你又不必每一次交易都同意跟進。你總可以選擇退出。

加入聯合團，你唯一放棄的就是20%的回報，這似乎是一種公平的服務交易。在我寫作時，從事天使聯合團的平台依然非常新。雖然報酬究竟能達到什麼樣的水準還不好說，但不變的事實就是這些是有效率又低風險的方法，可以獲取一些天使投資經驗。

其實，我是AngelList上第一個聯合團，而且二年時間就做了五十筆交易——是個別聯合團做過最多的——投資超過1,200萬美元。我是這些平台的狂熱愛好者，因為這些平台讓天使得以聚集起來為一個共同目標努力：增加投資組合公司的價值以及成功的機會。

如果二十年前有聯合團，我就能在二十五歲或三十歲時開始進行天使投資，因為當時我無法拿出100萬美元投入天使投資。我只拿得出2.5萬到5萬美元來操作。

這是聯合團提供最厲害的天使投資法。不管你在一家新創公司是投入1,000美元還是10萬美元，你都是那家新創公司的天使，收穫所有來自這種夥伴關係的聲望。你可以在投資前後與創辦人會面，藉由提出精闢的問題而與他們建立深刻關係，也能提供實質的幫助給那些創業路上的創辦人。

那是為什麼我主張新天使應該先參與十次小額的天使聯合團，再開始直接投資。除了得到回報的機會很高，而且你如果採行這套方法，將可建立自己的聲望，有機會向創辦人證明自己的價值，並開啟自己的人脈網路——完全是以2.5萬美元的低廉價格開始。那只是念個企管碩士20%的成本，而且一個月就能做到！

聯合團的優點

身為新手天使，跟著聯合團開啟自己的教育訓練和投資歷險，好處多多。如果你想，可以穿著睡衣進行所有投資，或者一邊繼續目前的工作、一邊投資。（我不建議同時做這兩件事。）

聯合團需要的文書工作非常少，你可以選擇投資卻不參加任何會面或做盡職調查。你唯一要做的，就是證明自己在美國是合格投資者，而且銀行電匯往來清楚透明。

在你做了十次每筆2,500美元的投資後，你就跟幾十位投資人同樣名列十家新創公司的資本結構表。僅僅一個月和十筆交易後，你就有幾百個共同投資人的人脈，還有你投資的二十到三十個創辦人人際網，因為目前多數新創公司有二到四個創辦人。

一旦你有了十筆投資，可以全部列在你的領英個人檔案、推特和臉書的個人簡歷，以及月繳15美元、華麗美觀的

Squarespace網站。（我錯過Squarespace的投資——可惡！）

你還能像我在生涯早期一樣，理直氣壯又毫不婉轉地在落落長的電子郵件簽名加上「XX行業的天使投資人」。

一旦你的線上個人檔案有了「天使投資人」這個名詞，立刻就會有交易流。

一開始大概是醜陋又孤注一擲的交易流，因為沒有人認識你，也不知道你有多優秀，但總歸是**你的**交易流——而這有某種意義，因為這一行的所有人都是從圈外人開始的。

除非你的姓氏是德雷珀（Draper）或康威（Conway）這種望族，否則你不會出生就在這一行。我們這一行一些最大的成就來自毫無歷史紀錄的人，例如Google的賴瑞・佩吉（Larry Page）與賽吉・布林（Sergey Brin），以及臉書的馬克・祖克柏。

有可能下一個重大創新的創辦人，在搜尋領英或瀏覽AngelList時，偶然間發現你的個人檔案，於是——轟！你可能就是和他們會面並給他們第一張支票的人。

總得有人開出這些早期支票。為什麼不能是你？

第 12 章

第一個月：你的前十個聯合團交易

挑選聯合團交易

就像我們在前一章討論的，投資天使聯合團是你展開天使投資旅程超級有效的方法。每個月都有幾十家新創公司在AngelList、SeedInvest，以及Funders Club組團結盟。

身為天使投資人，你需要用三年時間在矽谷（地點）投資五十家新創公司（分散化！），才有機會獲得超大回報。那就是一個月一至二家新創公司。

你應該做好計畫在這五十筆交易投入150萬美元，平均就是每家新創公司3萬美元。不過，你大概希望在前面四十五筆交易投入100萬美元，並給前五個優勝者各追加10

萬美元，這樣你就有機會從這些優勝者獲得五倍回報。根據你手上的內部消息，任何一個都可能有十五倍的回報——並全部拿回你投資的150萬美元。

在投資圈中，我們對可回收所有資本的投資有個名詞：「龍」。所以你的職責就是找出龍蛋。

不過，現在我們想讓你的履歷填上十個優質的天使投資，而這些投資還囊括了數十位知名的成功天使。

你瀏覽提供聯合團的各個網站並查看交易時，我建議留意這些基本特點：

1. 聯合團領投人至少有五年投資經驗，且至少有一個著名的獨角獸投資。
2. 根據地在矽谷的新創公司。
3. 至少兩名創辦人的新創公司（有兩個人的話，萬一其中一人離開了，還有個後備）。
4. 已經在市場上推出產品或服務的新創公司（你還沒有條件投資尚未推出產品的新創公司，而且坦白說，你不需要冒這個風險）。
5. 有「六個月用戶持續成長」或「六個月營收」兩者之一的新創公司。
6. 擁有著名投資人的新創公司。
7. 注資後將餘有十八個月周轉現金——通稱為「現金生

命週期」(runway)——的新創公司（請詢問創辦人與聯合團領投人，注資之後會有幾個月的周轉現金）。

如果你在這十家新創公司各投資2,500美元，在整個歷程結束時就投資了2.5萬美元。如果你的目標是在三年內投資150萬美元給五十家新創公司，那當你完成前十筆投資，相當於只用了全部籌碼堆的2%。

註：本書中的「籌碼堆」係指你分配給天使投資的資金數量。撲克牌中的籌碼堆則是指你單一局在牌桌上的籌碼，只是資金的一部分。你的資金是你所有的身家淨值。在撲克牌局或身為天使投資人的真實人生中，你千萬不要一次把所有資金都放到賭桌上，因為你面臨的是傾家蕩產的風險。

傾家蕩產的風險是你的資金歸零，而你必須離開賭局。

所以應該在賭桌上放多少百分比的資產淨值，亦即你的所有資金？你應該拿多少資產淨值冒險做天使投資？主要取決於三件事：

1. 你的資產淨值有多少是不能挪動的？（換句話說，你在三年或三十年後需要用這筆錢上大學和準備退休嗎？）
2. 你是不是輕輕鬆鬆就能獲得更多錢？（換句話說，你是個二十五歲的NBA球員，有1億美元的合約，而且還會有另外兩個合約；或者你是六十五歲的退休人士，身家淨值1,000萬美元？）

3. 如果你分配給天使投資的這筆錢100%賠光了，你會有什麼感覺？

如果你熱愛冒險，也不介意被套牢十年，我猜你會將10%到20%的資金投入天使投資。如果你能容忍風險，但不愛風險，又能應付十年資金不能流動，我猜你會將5%的資金投入天使投資。

如果你正在學玩撲克，你會跟一群鯊魚一起坐在10萬美元一把的賭桌上，還是會先在一把100美元的賭桌玩上幾個月，直到自己成了贏家？

那是我在這裡要主張的：利用這個過程學習這場賽局。

如果你只用約2%的籌碼（2.5萬美元）進行前十筆天使投資，而你的籌碼堆只是身家淨值的15%（也就是說，你從1,000萬美元的資產淨值中拿出150萬美元做天使投資），萬一你的前十筆交易零回報，那你也只損失1,000萬美元中的2.5萬美元，或資產淨值的0.25%。如果你的債券投資組合或股市報酬一年有4%，一個月就能彌補那筆損失。

如果你的資產淨值只有100萬美元卻賠了2.5萬美元，那就是損失了資產淨值的2.5%，股市或債券投資組合只要半年多就能彌補回來。

無論如何，你都只該投資到自己還能夠承受「風暴」的程度。

在聯合團中如何操作

身為天使聯合團的成員，就是將控制權交給聯合團領投人，但是這並不表示你只能消極被動。

事實上，你可以也應該表現得彷彿自己直接投資公司。成為聯合團的一員，意味著新創公司的創辦人選擇接受一群較小的投資人，他們以一個整體列在資本結構表上，由一位主要投資人代表。

對創辦人來說，除了資金以外，好處就是他們要給公司做重要決策時，只需要取得領投人的簽名，例如需要取得過橋融資或出售的同意許可時。

就我的經驗，選擇進行聯合團的創辦人，看出在天使聯合團五十幾位天使投資人的莫大價值。創辦人樂意有投資人的消息，即使投資人一筆交易只投入2,500美元。

如果你能在一筆交易投入2,500美元，大概也能「加一個零」，在下一輪投入2.5萬美元，精明的創辦人深知這一點。

此外，你若身為聯合團成員，隨手就能做些重要的事，如轉推有關該公司的新聞報導、透過你的領英網路介紹潛在員工或顧客，或者針對你的專業領域協助提供諮詢，例如銷售或行銷或公關文案。

簡單說，你應該將天使投資視為一種競爭，你努力比公司的其他天使提供更多價值——包括我！

祝你好運，因為我這二十多年來已經發展出一個完整的平台幫助創辦人，這是你可以複製甚至超越的，但這就要用另外一本書來說了，如果你們願意努力去做，努力當個天使投資人，我就願意寫。

但也祝你好運，因為我早了二十年起步，還建立了完整的平台幫助創辦人。不過沒關係，紀錄是用來打破的，不是嗎？

撰寫交易備忘錄

針對你挑選的這十家新創公司，你必須一一寫下「交易備忘錄」，說明你為什麼投資、你認為風險是什麼，以及你認為這家新創公司要做對什麼，如此一來你的投資才能回收。

新創公司每次進行新一輪增資時，你都要回顧這些交易備忘錄，這樣才能測試出你原本的論點是否依然適用。而你肯定會學到的心得就是，沒有人能清楚知道一家新創公司是如何、或為何脫穎而出，但其中有脈絡可循——特別是**你**如何思考。

至於你沒有投資的新創公司，也要清楚寫下筆記說明你略過的原因。你將來會回顧這些筆記，並領悟自己在這方面的表現多差勁，久而久之也就看出自己精進多少。

即便你是透過聯合團投資新創公司，我也建議你至少與創辦人親自見一次面——見兩次的話更棒。去拜訪他們的辦公室，就算那裡是垃圾堆，也建議走一趟。

如果去到辦公室，確實能大致了解一家公司。他們是把錢浪費在昂貴的桌椅，或者像是當初的亞馬遜，坐的是摺疊椅，把木門放在架子上當桌子？

最重要的是，你應該只投資你願意為了創辦人本身而買股的那十家新創公司。我在第 17 章會更詳細解釋這一點。

絕地撲克手

聯合團是你的達戈巴星[1]，你在這裡可以向其他天使「大師」學習，卻不會傷殘或送命。放膽去做，並問聯合團領投人為什麼投資，和創辦人見面，並和他們的顧客聊聊——了解怎樣拿著光劍不會砍掉自己的手指。

1　本書中許多概念、地名與角色名稱取自知名科幻電影《星際大戰》（*Star Wars*）。

2004年左右，我開始在洛杉磯玩撲克時，我知道自己不過是個「學徒」，還沒有準備好面對「絕地武士」。因此，我去的地方是好萊塢公園裡賭金1美元和2美元的撲克牌賭桌，那裡的老太太的賭注是她們的社會安全支票。

我知道這些老太太保守又機靈。她們一個星期玩撲克牌六天，一天玩十個小時，玩了好多年。

我會買個40美元的籌碼，或者二十個大盲注（在1美元／2美元的賭局中是2美元），以我所說的「絕地模式」繼續玩。

在輪到我的時候，我會低頭看手上的牌，用大拇指遮住上面的角落輕輕翻開，這樣我就不知道我那兩張底牌是什麼。那些老太太以為我在思考自己的牌，但其實我只是在想她們手上拿的是什麼牌，以及我若下注，她們可能會怎麼做。

我完全是盲目地玩！

這樣的劣勢就像路克天行者戴著頭盔、放下防爆盾牌，在絕地武士歐比王的指揮下，進行光劍訓練，劣勢迫使我仰賴其他資訊：老太太臉上的表情和她們對我下注的反應。

一週又一週，我會有三、四次輸掉40美元的賭金。我大概輸給那些老太太二、三千美元了，才領略到撲克更細緻的奧妙——後來我就用在西岸最大的撲克牌賭局：200美元與400美元的無限注德州撲克，賭金2.5萬美元。

在我開始玩撲克時，會把我面前的40美元都輸光。現在我玩撲克卻能從面前的賭桌贏到 20 萬美元。

如果你要成為偉大的天使投資人，就從小賭桌開始，同時一面學習，不要急。每年都會有百億美元的公司創立，而這在我們餘生還會持續下去——當然，除非這些新創公司有一家想出辦法，讓我們活上兩百年，這樣一來，你或許能活著看到年年有兆元公司創立的年代。

如果你在投資 2,500 美元時做交易備忘錄、拜訪辦公室並和顧客聊聊，等到我完成對你的訓練，你將成為強大的絕地武士。我認識有天使投資了 5 萬美元，卻不曾親自與新創公司創辦人見面，更別說寫交易備忘錄或拜訪他們的辦公室了。

天使：不只是個工作

在我看來，天使投資是一種職業或召喚。就像教導或當個絕地武士。你應該嚴肅面對，因為你的行為可能促成世界的重大改變。

有幾位天使投資人支持特斯拉，而特斯拉迫使世界重新思考電動車。

有幾位天使支持推特和世界各地的革命——以及美國本地——都是因為一條簡單的推文而開啟、加速，以及受到認可。

我最大的疏漏：推特

我跳過了推特沒有投資，因為當時我是幾家公司的創辦人。我愚蠢地以為我能做的最佳投資就是自己的公司。

有一個星期天，我和伊凡．威廉斯與畢茲．史東（Biz Stone）兩位創辦人共進早午餐，他們讓我看推特的運作方式。

「馬上用一條簡訊訊息描述你現在吃的東西，發到我給你的這個號碼，我和畢茲也會做一樣的動作。」伊凡說。

我的黑莓機震動了一下，我看到上面顯示伊凡正在吃炒豆腐，而畢茲在吃鬆餅。

「伊凡，沒有人關心畢茲吃什麼。這有點蠢。每一條簡訊都要錢的。只會用來傳重要的訊息和緊急狀況。」

伊凡和畢茲接著向我解釋這個系統究竟是怎樣運作，以及訊息到最後是免費而且是透過網路傳送，還有他們會與電信業者達成協議，從簡訊訊息中賺錢——這是條營收來源！

我沒看出來，因為我自詡是部落格萬事通。就在推特發明前不久，我把我的部落格公司Weblogs, Inc.以3,000萬美元賣給了AOL，所以自認比誰都了解這玩意兒是怎麼一回事。

我繼續對他們訓話：「伊凡，容我跟你解釋。你把部落格文章最重要的部分，也就是文章的主體與內容——拿走然後刪除，只剩下一行主題。然後全世界的白癡都會覺得自己是部落客，以為能和其他作家平起平坐，只不過我們現在都在寫標題！」

伊凡向我解釋我到底哪裡錯了，但我打斷他，並告訴他：「不對，伊凡，你錯了，而且我絕對、絕對不會投資像推特這樣空洞又沒有意義的東西。」

那是個5,000萬美元的錯誤。

五・千・萬・美・元。

就是在那個時候，我恍然明白我不需要知道構想能否成功。我只需要知道那個人能不能成功。

我心知肚明，伊凡無論做什麼都會成功，但我的自尊和以及我自認必定正確且無所不知的心理，妨礙我擊出第一支大號全壘打。

從此以後，我不再企圖了解哪些行得通、哪些行不通，而是用我的絕地力量去了解創辦人的原力有多強。

我在這裡，所以你不必重蹈我的覆轍。

特別是這個5,000萬美元的錯誤。

第 13 章

第二個月：排滿天使與創辦人會面的三十天

建立自己的人脈網路

做了十筆聯合團交易之後，你準備好建立自己的人脈網路，懷著無比重要的認知，知道你現在可以這樣自我介紹：「嗨，我是珍・史密斯，我是十家新創公司的天使投資人，這些公司的天使投資人包括了克里斯・薩卡（Chris Sacca）、傑森・卡拉卡尼斯、賽安・巴尼斯特（Cyan Banister）、納瓦爾・拉維肯（Naval Ravikant），以及吉爾・潘奇那（Gil Penchina）等知名人物。」

你做到了！

很簡單，不是嗎？只用了上商學院的一小部分成本，你現在深入天使投資賽局，只不過沒有人認識你。我們將靠著在接下來三十天、一天安排兩次會面來改變這一切。

認識十二位天使

最好的交易通常不在像AngelList等平台、或者Y Combinator與500 Startups之類的孵化器。最好的交易絕對不會廣為人知。它們很快就被分享交易流的圈內人填滿，或是擁有殺手級新創公司的菁英創辦人利用既有的人脈給予滿足。

這是為什麼建立分享交易網路很重要的原因。你的運氣好，有個嶄新的科技能幫你建立這個網路，而且所有重要人士都在使用。這個科技叫電子郵件。

步驟一，建立一張試算表，納入你投資的這十家新創公司所有共同投資人。每一家新創公司應該有約五十位來自聯合團的投資人，以及十多位其他投資人。這代表扣除重複的部分，你將有六百個潛在投資人可以接觸。

試算表要放上那些人的領英、AngelList、推特以及臉書的網址。在這四個重要的地方與他們一一建立連結。當你與他們聯絡上，發個訊息給他們：「嗨，傑森，我們是推特——威廉斯的新創公司的共同投資人。」

你做這些事會花上幾天的時間，但在過程中，你將得知其他投資人是怎樣對外界展現自己的。

步驟二，做個私人的推特列表「共同投資人」，將那些投資人全都納入其中。將名單加入瀏覽器的書籤，一天打開個一、二次，收藏、轉發，以及回應投資人同行的推特訊息。

費了大約一個月的努力，現在你已經和一大片矽谷的圈內人建立基本的「社交貨幣」(social currency)——恭喜，你是圈內人了！

下一步就是開始寄電子郵件給這個過程中你認為最有趣的前幾個投資人。他們也許是聯合團領投人，或者是聯合團中和你共同投資的人。

現在寫封電子郵件給他們，或者在任何一個共同的社群網路發送私訊給他們。以下是個不錯的草稿：

嗨，傑森，我們共同投資了X公司。你下週有時間一起喝個咖啡嗎？我接下來每個月至少會給二家新創公司各投資2,500美元，希望能交換心得。祝一切順利——珍．史密斯。

在和投資人同行見面時，你的目標是：

1. 了解他們投資哪些公司以及為什麼。
2. 了解他們給新創公司帶來什麼價值。

3. 確定他們理解你帶給新創公司什麼價值。
4. 問他們：「你最近有看到什麼有趣的事嗎？」
5. 告訴他們：「我剛投資這兩家新創公司，都非常傑出。你要我幫忙介紹創辦人嗎？」
6. 判斷他們是比較喜歡雙重確認（double opt-in）引見還是盲目引見。

會面時間盡量短，而且要願意遷就天使們，起身去找他們。讓他們知道：「我很樂意在你最方便的時間和地點和你見面。我知道你很忙。」

就跟其他情況一樣，表現出對他們感興趣，並深入思考他們的答案。專注於眼前，在這些輕鬆的會面期間關掉行動電話。

與其他投資人見面時，一定要記住，你是在進行面試。在我看來，你在見面時的表現應當要是你專業領域的巔峰。我必須知道我的創辦人是否值得花他寶貴的時間來與你會面。記住，最熱門的交易在多數人知道交易存在之前就已經結束。你必須讓我想將你納入那些交易。

我不願意把我的創辦人介紹給不老實的天使投資新手，而在我的書中，老實的人就是專注眼前、深思熟慮，而且彬彬有禮。

你一一與這些天使會面之後，請盡快寄電子郵件給他們，感謝他們抽空。信中放上你投資的那十家新創公司名單和各公司的連結。一定要問他們是否有興趣和你的創辦人見面。

不可避免的是，人家總是會希望你做一、二次引見，而且以2,500美元這種程度的投資人來說，你會給每個創辦人引見二、三位天使！

現在你開始給生態系統中的所有人提供價值，而你在未來幾年將獲得十倍的回報。

最後，你必須寄發電子郵件給你所有的創辦人，讓他們知道不需要徵得你的同意，就能把你介紹給其他尋找投資人的創辦人，或介紹給希望擴展人脈網路的其他投資人。告訴他們，可以在沒有事先徵詢你的情況下逕自給你寄電子郵件。

如果你對別人隨機寄信引見這件事感到厭煩，那你就是入錯行了！

認識二十五位創辦人

你見過十二位天使投資人之後，就該開始尋找「專屬交易流」，也就是說，屬於你的交易流，而不是在AngelList、FundersClub，或Y Combinator展示會上公開的東西。

以下有兩種不同風格的電子郵件草稿，你可以試著用在你親自見過的這十二位天使投資人：

傑森，上週很高興能和你一起喝咖啡。我注意到你是特斯拉的天使投資人，而我認為他們對無碳未來的願景十分有意思。我不禁在想，你是否介意幫我引見伊隆．馬斯克？我對伊隆的夢想有強烈信心，而且我有兩個具體的構想，確信有助於改善特斯拉的行銷與社群媒體。

你可以看到上面的草稿並不是「傑森，你能把我介紹給馬斯克嗎？」，這雖然簡潔，但這種電子郵件根本沒有展現熱情、深思熟慮或積極意向。換句話說，你是在告訴我你根本不在意。

大家都會想見見對自己的夢想著迷的人，所以花一點時間陳述你為什麼認為他們的夢想很重要，以及你認為自己可以怎樣幫助他們實現夢想——因為他們或許剛好就會按下回信，把你介紹給創辦人。

第二種寄給新的天使人脈的電子郵件簡單又真誠：

最近你有看到讓人無法抗拒的新創公司嗎？

如果你對那十二位天使做這種嘗試，我猜你能從每個人手中得到至少兩個新創公司的線索。那就為你接下來的二十五場會面做好準備，由新創公司現有的投資人為你引見創辦人！

你現在是圈內人的圈內人，被熱情引見給創辦人，他們要不是在籌募資金，就是準備未來的募資，對象就是已經給他們資金的那些人。

我稱這個過程為「圈內的名聲」（reputation in a box）。

現在花點時間想想你多快能進入星室法庭[1]。

好啦，時間到。

該回來繼續工作了。

學會熟練說不

你在第二個月將與二十五位創辦人見面。你將聽他們的提案說明，並提出很多簡短的問題，將他們的答案寫成長長的筆記。當他們問你是否加入，你要告訴他們你需要一點時間才能做決定。

同樣，千萬別在會面時答應。讓他們知道你需要做些功課，並思考交易團隊。然後，唯有在你全部見過這二十五人之後，才回頭挑出最好的。

1　星室法庭（Star Chamber）是英國十五世紀末的司法機構，以專制、不採用陪審團聞名。

如果你實在很難從這二十五人中篩選，我建議將他們放進試算表中，旁邊各加註「優」、「好」或「尚可」。這三個是相當容易套用的評語。每個「尚可」旁邊加上一句話，說明你為什麼不打算投資。這是個坦率直接的句子，方便你在六個月、十二個月以及二十四個月後，檢視自身預測能力時做回顧。

接著對「好」做同樣的工作，寫下你為什麼不打算投資。至於「優」，我們假設有四個。寫出你為什麼認為他們會勝出。現在你有三個欄位：公司名稱、優／好／尚可的評分、為什麼不投資或為什麼考慮投資「優」者。

記住，創業構想失敗的理由有百百種，所以你要拒絕並不難，而要點頭答應的通常只有一、二個理由。

對你的前四家公司——「優」評分者——要求第二次會面，並做一些盡職調查（見第24章）。給你的Google試算表增加第四個欄位，放上你對「優」公司的第二輪評論，詳述你為什麼對三家「優」公司說不，卻答應了其中一家。

設定每六個月一次的行事曆提醒，檢視這個試算表，並在第五個欄位寫上你略過的那二十四家公司表現如何——具體地說，就是他們有無籌募更多資金還是關閉了。

預測就是從過去的決策中學習，如果你沒有將自己的想法寫下來並回頭檢視，就無法做好預測。

提醒：參加過Y Combinator和500 Starups的創辦人，

都已經被訓練成會弄出虛假的截止日並捏造其稀缺性。千萬別信以為真。我數不清有多少次聽Y Combinator裡的公司說，他們的籌資輪下週就要結束，所以必須確定我是否要加入。

這種裝腔作勢所達到愚蠢的最高境界，是有一次，某家公司在我與他們見面前就寄給我一份已經填好10萬美元的投資條件書（term sheet）。我只是跟他們說，我的行事作風不是這樣，他們可以跟我的助理商量，找機會在二、三個星期之後到我的辦公室一趟。等到三個星期後他們過來時，他們的籌資輪（當初告訴我將在幾個小時後結束）依然開放中。

令人震驚。

在你的天使旅程，這部分正好與加入聯合團交易相反。在聯合團交易中，你只需要取得十家審查過的新創公司商標，加到你的網站。然而在這些直接交易中，你必須井井有條。

接下來，我們來說說你對這些提案會議應該了解的一切。

等你看完接下來的十一個章節，就準備好說出你的第一個「yes」。

什麼？！

不，這不是在開玩笑。

我們來努力上工吧。

第 14 章

我最好與最壞的提案會議

提案超載

如果你把事情做對了，你當天使投資人的日子就會塞滿提案會議。只不過就像人生中的所有事情，無論那些時日有多麼與眾不同，都可能變得無聊——而你可能養成壞習慣、不專業的傾向、無動於衷，甚至輕蔑不屑。

我年輕時曾一個星期有一、二個晚上在布魯克林擔任救護車義工。最初是擔任調度員，後來成了緊急醫療救護員（EMT）。總部的電話一旦響起就是一陣忙亂，有時候把我們從小憩中叫醒，有時候迫使我們丟下貝果麵包衝向車子。我們衝進夜色中啟動燈光與警報器，看看對方是會落在輪盤中驚恐、痛苦、瀕臨死亡——有時候是已經死亡——的哪一種人。

在我處理最初幾個病人時，印象非常深刻的是，一些比較有經驗的老救護員工作時的那種冷靜。這令我想起絕地武士。而在光譜的另一端，就是尷尬不安地看見許多資深救護員嬉戲笑鬧、違背行為規範，而且常常粗魯對待病患和家屬。

當你在一個職位待上一段時間，不管是機師、緊急醫療救護員，還是投資人，你會養成影響巨大的習慣。要想成功，重要的是培養良好的習慣，並提防不良的習慣。

創辦人會彼此分享與投資人會面的細節，而你的聲望在這一行就是一切。如果你樂於助人、隨時聯絡得上，而且體貼周到，那麼你將有良好聲望。如果你不專業、漫不經心、驕傲自負，或者自己握有職權卻不幫創辦人，那你就麻煩大了。

優秀的創辦人有許多選項可以資助自己的公司，而你的2.5萬美元和我或者其他投資人的2.5萬美元並無不同。但是和投資人會面時，人家有什麼感覺，將決定你會入選還是錯過。

我對投資人做過最好與最差的提案報告

在我有想法建立自己的第二家公司時，想知道創投業者是否有興趣提供資金。我寄了內容只有兩行的電子郵件給兩家公司和一位天使，告訴他們我將創立下一個公司，而我才剛以3,000萬美元將上一個公司賣給AOL——正好是公司創立的十八個月後。

我心想如果信件短得離譜，並陳述我多麼快就賣掉上一個事業，應該會引起這些投資人好奇，他們就會有回應。第一個創投業者是紅杉資本的麥可・莫里茲（Michael Moritz），他在幾個小時內回覆我的電子郵件、打我辦公桌上的電話，並在我的行動電話留言。

是的，全世界最偉大的創投公司，曾在Google、蘋果、思科，以及YouTube等新創公司做過早期投資的創投業者，同一天以三種不同方式回覆我的電子郵件。

紅杉資本會成為有史以來最傑出的創投公司，毫無疑問是其來有自。

曾在我的第一家公司投資30萬美元的馬克・庫班（Mark Cuban），也在同一天回覆。凱鵬華盈（Kleiner Perkins）的約翰・杜爾（John Doerr）也一樣。

幾個星期不到，我就跟兩家公司有過多次會面。紅杉資本給我一份投資條件書，凱鵬華盈口頭承諾會進行兩階段注資，而馬克也當場給我承諾。

三家大公司，三家都贊同，而且他們的跟進行動都快得不可思議。

不過，這時候有意思的事來了：約翰在我們會面時睡著了。

當時我們在進行問答階段，約翰的眼睛眨了幾下閉了起來，但隨即驚醒過來。會議室中所有人什麼都沒說，包括我自己。事實上，我們都假裝沒注意，因為，嗯，約翰是個傳奇。眼前可是投資過Google、網景（Netscape）、昇陽、以及亞馬遜的人！他是創投業的王者。

打盹不是唯一怪異的地方。約翰的頭上有擦傷，他還伸手去摸了好幾次，手臂還用吊帶吊著。沒有哪裡骨折，也沒有在流血，但他似乎就是不對勁。

等他離開會議室時，他的一位合夥人把我拉到一旁道歉。他告訴我，約翰那天早上騎腳踏車摔跤，摔得遍體鱗傷。他吃了止痛藥，合夥人勸他不用來辦公室，但他還是來了。

我．的．天。

儘管騎腳踏車出車禍，約翰還是吃了止痛藥，出席我的提案會議。這就是他成為億萬富翁的原因！

然後在我結束這次投資時，有一家據說略過紅杉資本Google投資案的較小公司，從我其中一位天使投資人那裡，聽聞我與紅杉資本完成交易。我們就稱他們為「非常創投」吧。

他們問我是否能接受一份投資條件書，也就是正式投資的提案。我告訴他們，我已經做了決定，但我還是會和他們見面。會面對象是其中一位態度極為積極熱切的年輕合夥人——在此就不指名了。他跟我說事情進展順利，希望我在他們下次合夥人會議時跟其他合夥人見面。

雖然我住在洛杉磯，但出於對我那個天使投資人朋友的禮貌，我飛到舊金山，參加非常創投於沙丘路的合夥人會議，就在史丹福大學旁邊。我想著可以跟他們見個面，然後到幾棟建築以外的紅杉資本拜訪羅洛夫．博沙（Roelof Botha），他是將加入我的董事會的新合夥人。

當時還沒有優步，所以我搭了一班超級早的飛機，拖著疲憊的身軀去赫茲租車（Hertz）取我租的車。我不是早起的人，又沒睡多少，所以清晨五點起床加上整個旅程令我暴躁易怒。

在我發動汽車時，看到飛行途中有一通新的語音留言。是安排非常創投（我飛來做提案說明的二流創投公司）此次會議的那位年輕創投業者。

那個菜鳥說，他和資深合夥人談過，結論是我的新創公司並非合適標的，所以我今天不需要過來跟他們會面。什麼？我的血液沸騰，內心的愛爾蘭性格冒出頭，決定要過去質問這位仁兄，儘管這樣寫出來很愚蠢又尷尬。

我親自。

到他的辦公室。

馬上。

就在他的合夥人會議進行途中。

當我到達他們的辦公室，櫃檯接待員問我要找誰。我告訴接待員，甚至還指著大會議室中的他，當時他正與十二個人坐在一起開合夥人會議。

他臉色發白。他所有合夥人都看向我這邊，而他衝了過來。

「你沒有收到我的留言嗎？我們的會面取消了。我很抱歉！」

我繼續說，我認為他究竟有多麼愚蠢無知，而且我會告訴所有我認識的創辦人我受到什麼樣的待遇。他懇求我冷靜下來，並提議請我吃壽司。我並沒有對自己的回應沾沾自喜：「你實在蠢到不行，根本沒有考慮到我會為了這次會面，可能飛過來，浪費我一天的生命和幾百塊錢……」他打斷我：「你說得對。對不起。」

我絲毫不寬容。我年輕時曾經有個糟糕習慣——又說到習慣了——就是必須跟蠢蛋解釋清楚到底他們有多蠢。我從此領悟到，與蠢蛋打交道的最佳方式，就是不讓他們靠近你的公司，如果可能，甚至別讓他們靠近你的人生！

我繼續在大廳咆哮：「你的愚蠢之處就是：你根本不用跟我取消！你可以乾脆讓我報告，拍拍我的頭，然後跟我說我的想法有多麼了不起。然後在我們會面隔天，再告訴我你無法取得合夥人的共識！」

「你說得對。」他說。

直到今天，這整個事件（包括在我已經來到他們的地盤時，不需要取消和我會面，以及我在他們的大廳發怒的鬧劇）在在說明了我如何與創辦人進行會面。因為我現在是坐在談判桌的另一端開支票，並處理創業者的自尊。

我們就來談談這個，好嗎？

第 15 章

提案會議之前該做什麼

提示：不是只用Google搜尋而已

你應該給每個新創公司會面分配三個小時：一小時的預備，一個小時和創辦人見面，還有一個小時做事後檢討。

如果你將與創辦人見面，必須對他們做些功課。包括重新審視他們的產品，了解他們經營的市場，清楚他們的競爭對手有哪些，並知道還有誰已經投資這家公司。

這些資訊有的輕鬆可得，有些就在他們的投影片中，有時候則並未公開。

臉書絕不是第一個社群網路，因此有很多機會可研究。事實上，他們有一些地位穩固的競爭對手，例如MySpace、領英，以及Friendster。所以就算在臉書限定給特定大學的人使用、還需要有.edu的電子郵件地址時，你無法使用臉書產品，還是可以在提案會議之前先研究這個領域。

至於優步和愛彼迎，則是創造了市場，或者最起碼是徹底改變了市場，那就比較難做功課了。福特和你當地的汽車服務商，與優步的業務沒什麼關係，而典型的酒店房客也不是早期會住愛彼迎的類型，當時這項服務是針對有冒險精神的人，他們認為住在別人的家中——被主人家詭異的小擺設環繞——很吸引人。

話雖如此，只要你搭過一次優步或者，嘶，在某人的愛彼迎住上一個小時，你做的功課就比很多投資這兩家公司的人多出許多，而且會讓創辦人留下十分深刻的印象。

切記，你的競爭對手不太把和創辦人的會面當一回事，因為他們誤以為自己大權在握。

你的挑戰不是開支票，而是說服對的創辦人兌現支票。

第 16 章

提案會議中要做什麼

最少一小時

你應該將整整一個小時用在親自會面。這是在對創辦人暗示，你對他們的態度十分認真，願意花時間了解他們的業務。

如今，我不但花整整一個小時見面，之後還會留下三十分鐘，以防他們還要繼續。我讓創辦人不斷地說，直到說累了為止。我有許多次會面的時間長達二小時，有些甚至還打破了這個標準——我沒有開玩笑。

我這樣做是想讓對方知道，我永遠有時間留給創辦人。

對方告訴我：「我知道你真的很忙，我不想耽誤你。」但是和創辦人見面是我的職責。沒有什麼比這件事是我更熱愛的了！

而且不光是說說，這絕對是真的。我熱愛跟人聊他們的想法、產品，和對未來的想像。工作上唯一比這更讓我喜愛的，就是實際發展這些想法，而且讓自己成為獲勝團隊的一員。

我的撲克牌友樂此不疲地消遣我，在我自己說起之前，就先跟別人介紹我是Wealthfront、優步和Thumbtack的投資人。

這是另外一種看待時間的方法：如果你接受會面，究竟是三十分鐘、四十五分鐘還是六十分鐘，其實沒有太大差別，因為你在會面之外又做了兩小時的功課和溝通。如果你進行三十分鐘的會面，就是在那家新創公司花了兩個半小時。如果你們會面花了一小時，你就是用了三個小時。整體來看並沒有差別，不是嗎？

全神貫注

現在，你開始進行會議，應該最後一次檢查自己的電話，讓他們知道你有個明確的停止時間，並問他們希望怎樣進行這次會面。我會這樣說：「你想讓我逐一看過你們的投影片、展示你們的產品，還是直接說說你們的公司？」

這推翻了他們習慣的腳本。我這個年齡的人就是出了名的專橫，直接命令投資標的該怎樣進行會議，就跟投資人會議一樣。這也合情合理，每個投資人有自己的流程；但我會看著其他投資人，心想：「我怎樣能比他們更有價值？」

我記得有一次看到我的朋友——自承注意力不集中的戴夫·麥克盧爾（Dave McClure），他抓起創辦人的筆記型電腦轉過來，掌控鍵盤，然後開始快速翻閱他們的投影片。戴夫還有一次在我主辦的「新創發表節」（LAUNCH Festival）會上——那場研討會是讓新創公司自己做提案報告，以便進入我的孵化器——始終不停在推特發文，他也不注意正在台上報告的創辦人。戴夫是我們的專家評審之一。

由於多數天使交易都有十幾位投資人，現在我們並非絕對的競爭對手。然而我們都在建立品牌，希望增加自己的交易流。

如果戴夫的品牌是注意力不集中，那我的品牌就是雷射聚焦。

帶上紙和筆

所以你一旦開始進行會面，就要當成是旁邊有人在錄影，一切會出現在當晚的地方新聞。拋頭露面時要顯得專注，把筆記本和筆帶上，方便你像個大人一樣做筆記。千萬別用筆記型電腦做筆記，當然也別用觸控筆在平板電腦上做，別當「那種人」。

然後看在老天爺份上，絕對不要用智慧型手機做筆記── 你看起來會像個一無所知的白癡。大人會在紙上做筆記，待稍後回顧檢視。你若拿本冊子做筆記，就是在向對方暗示，他們的產品和願景值得在你的日誌永遠留下紀念。

啟動靜音模式

在會議開始時，說：「請稍等一下，我關掉電話。」

重要人物有關掉電話的能耐，因為世界會等待他們。不重要的人才必須回電，還得任由另一端的人擺佈。

如果你還沒有從生活中想明白這一點，那也無妨。我花了一陣子才想明白。

咖啡廳是最後選擇

在咖啡廳進行會面倒也不要緊，但如果你想表現專業，就需要一個正式的會議室。其實，如果你是開支票的人卻沒有會議室，我會納悶背後原因。

自從我開始跟與巴瑞・迪勒這樣的人（會在桌子中央備妥便箋與削尖的鉛筆），或如艾倫公司[1]的銀行業菁英（他們有個按鈕可以在你毫無察覺時召喚服務生）開會以來，我對「會議室準備工作」愈來愈執著。

在我們的會議室，會有鮮榨果汁、點心籃、手機充電器、便箋、筆，以及所有你想得到能讓電話接上線的各種小裝置。我的助理或辦公室主任將客人迎進會議室，為他們設定電腦，並在會議開始前做測試，同時很重要的是，問他們要不要從舊金山眾多精品咖啡店中選一家，幫他們訂一杯時髦的咖啡或茶。

我希望大家跟我見面開會，會覺得像是要去米其林星級餐廳。我希望大家體認到我們是專家。

我不會企圖用奢華的辦公室讓人留下印象，但我希望他們留下這種印象：自己是在跟全世界最棒的天使投資人會面——即使我目前只在排名前五或前十。

細節不可或缺。

---

1 艾倫公司（Allen & Company）是一家總部位於第五大道的美國私人精品投資銀行（boutique investment bank），以刻意不宣傳聞名。

最棒的提問，就是你沒寫下的那些

久而久之，我了解到最好的下一個問題，就隱藏在對方回應你上一個問題的答案之中。我曾以記者、播客主持，以及投資人的身分訪問過成千上萬人，最好的訪談就是發展成對話。在對話中，你沒有需要一一提問的問題清單，而是有個討論的搭檔，和你來回拋出各自想法。

你愈是傾聽搭檔，真正了解他們在說什麼，你們的對話就愈精彩。當然，我在本書會給你應該要問的重要問題（見第18章），但那些問題的重要性並不及你的傾聽能力。專注於當下然後把嘴巴閉上，並非成功人士與生俱來的本事，但我常常在我所認識最成功的人物身上看到這一點。

我在播客節目訪問受訪者時，將這個技巧發揮到極致，有一次我在與某位受訪者進行對談直播時，就只好奇地追問了幾個字，如「你說太陽能？」或「食品生產？」。

千萬別在提案時給答覆

會面期間沒有理由非給出承諾或拒絕。我曾經當場給答覆，結果後悔不已。如果你在提案會議中答應或拒絕，都會顯得衝動而未經思慮，這對天使來說不是好的形象，天使應該睿智且行事有章法。

創辦人往往擁有十足的魅力與說服力，所以能讓他人追隨自己創業，讓他人對其毛遂自薦，或願意接受正常情況下的半薪。多數創辦人共有的超能力就是滔滔不絕，那種超能力會隨著你離開他們的現實扭曲力場（reality distortion field）消褪，而且還會隨著時間益發薄弱。

好的創辦人會單刀直入地問你，「你要加入嗎？」或「你想投資多少？」，而你最好的回答是：「這真的很棒。給我幾天時間想想，我們星期一再來討論。或許我還會在電子郵件中追加幾個問題。」

在這樣回應之後，給星期一的待辦事項加入一個項目，且讓他們知道你是否參加。

當然，如果你選擇和創辦人多見個二、三次，大可在後續會談中當面回覆他們。

第 17 章

如何挑選億萬創辦人

億萬元的問題

人家老是問我：「你挑選億萬公司投資的方法是？」

你挑選的不是億萬公司。

你挑選的是億萬創辦人。

過濾你的交易流

五年前我開始從事天使投資時，就不斷聽見兩個忠告。

首先，人家告訴我，要當個優秀的天使投資人，就是要挑選正確的新創公司。完全沒錯！這很好懂，感謝你的忠告，我現在正要去挑選正確的新創公司！

其次，我聽說沒有人真正知道哪些公司可以**一飛衝天**，而不是**半死不活**或**突然停擺**。即使在我們工作的矽谷也是一樣。

你必須挑選正確的新創公司，卻沒有人能確切知道究竟哪家公司才是正確選擇——這兩個大家公認又互相矛盾的說法，我該如何在兩者取得平衡？

我學到的是，雖然沒有人能知道哪一個優秀的創辦人和新創公司會脫穎而出，但很容易知道哪一些創辦人和構想太拙劣——或者更糟的是可有可無，導致根本沒有機會脫穎而出。

我用兩個方法，來篩選蜂擁而至找上門的新創公司。我會將可有可無的構想和軟弱的創辦人剔除。然後加倍下注優秀的創辦人和遠大的構想。

雖然我無法確定哪個公司是下一個Google、優步，或臉書，但我可以非常確定哪些公司不是，也不會浪費時間多糾纏。

這差不多就是戰勝的一半，專注在勝出者、大市場，以及清楚的構想。

我收到電子郵件，絕對不會直接安排會面。我會問他們有多少全職員工、賺了多少錢、募資歷史、如何取得顧客，還有創立這家公司的理由。全職員工數量和募資，可以讓我知道資金消耗率，也知道他們銀行還有多少錢。多數創辦人在我講出那些數字時，都以為我有特異功能，因為他們根本沒把這些數字告訴過我！

如果他們堅持要親自見面，那他們要不是有名氣就是愚蠢無知。或者兩者皆有。

在面對面接觸之前把細節問清楚，是在告訴創辦人你只專注要務，見面並非是出於孤單寂寞。

因為勝算實在太低，天使投資需要一定程度的殘忍無情，以及時間上的交叉運用。你每投資一次，就至少得對另外五十個創辦人說不，或者「還沒」（像我笑裡藏刀，譏諷人時說的），同時清楚知道你的兩百筆投資，當中將有一筆構成你總回報的99.9％以上。

我們先來思考這一點。如果我的工作都按部就班，那麼在從事天使投資的十年內，為了下區區兩百個賭注，我將檢視超過一萬家新創公司（並親自與上千人見面），而在這其中或許有一百九十七、一百九十八，或一百九十九個賭注對我的整體回報幾乎沒有影響。

從另一方面來說，幾千次的會面與幾百萬的投資縱使一無所獲，但有一筆賭注能給我的投資帶來五千倍的回報。渺茫希望之中最不可能的那一筆投資，讓我成為劈開威廉．泰爾[1]之箭的人——而那枝箭沒多久前才劈開正中靶心的另一枝箭。

那就是天使投資。

我們盡可能坦率又快速地前行，因為你需要著手安排幾千場會面，才能找出第一批的十筆投資，沒人知道哪一個賭注能讓你在今年獲得五千倍的回報！

必定有看過這本書的人能做到，誰說不能是你？

找出可以擴張規模的事業

好吧，我的世界有兩種類型的事業：能瘋狂擴張規模的，還有其他。

獨立電影、餐廳、酒吧、民宿、諮詢顧問公司、服飾或者精釀啤酒廠，這些事業無論你與創辦人費盡多少心思努力，都無法擴張規模——只有極少數例外。

在我這個世界，規模擴張代表其估值達到數十億美元，也就是說能賺到幾千萬到一億美元，那就代表我的股份價值變成一百、二百，甚至五百倍。

就算你拍了一部橫掃奧斯卡的電影，我的投資翻個二倍或十倍的機率卻微乎其微。通常電影的投資人協議會限制真正的上限，如果沒有，以標準價格買下電影並大舉發行的製

1 威廉・泰爾（William Tell）是瑞士傳說中的神射手。

片廠，會確保你看不懂他們的創造性會計。

正如我認識的一個有錢人說：「想知道拍電影怎樣賺十億美元？你先投資一百億美元。」另一個好萊塢圈內人告訴我，有錢人投資電影的唯一理由，只是為了參加時髦派對。

現在，你大概在思考自己對事業規模擴張的想法有誤，因為你可以想到的是麥當勞、星巴克，還有露露檸檬（lululemon）等遍地開花的例子，但那些企業的規模非常、非常難以擴張，通常需要個數十年，其企業價值才能達到數十億美元。

多數人根本沒有三、四十年的時間能累積財富。我們想在五至十年就達到目標，如果你看了這本書又按照我說的來做，我想這會是個合理的時間。

如果你比較創造原子的產業（如星巴克與麥當勞的實體門市）和創造位元的產業（軟體），會發現兩者根本無從比較。

根據報導，星巴克為了達到10億顧客，必須開出幾萬個門市，平均一天供應五百到七百杯飲料。星巴克創立於1971年。

臉書在2011年推出他們的Messenger產品，並在2016年達到10億顧客。為了達成這個目標，他們將軟體放上網路伺服器，將使用介面轉譯成數十種語言，隨即讓現代世界100%都能用上（本質上是能使用網路者），讓公司能賺錢。

如果麥當勞今天想要達到100萬美元的利潤，必須賣出超過1,000萬份的漢堡給五百萬至一千萬人，因為據說他們每個漢堡賺十分美元。而像Slack這類軟體公司，若以一個「席次」(seat) 每年約150美元的價格賣出他們的團隊溝通軟體，只需要賣給六千七百個公司管理人員，因為他們銷售與交付產品的增量成本接近零。

一旦你寫出軟體，一千人使用和一百萬人使用，成本基本上是一樣的。不像漢堡與拿鐵咖啡，每一個都需要大量的不動產還有牛——為了肉被殺或為了牛奶受盡折磨的牛。此外還需要一個負責準備的低薪人類，無精打采、皮笑肉不笑地送餐給你。

你現在大概在想，臉書有什麼本事接觸那些仍無法上網的幾十億人。但嚴酷的事實是，那些人做為顧客大多毫無價值，因為他們如果沒有資源能擁有電腦或行動電話，也因此沒有資源購買你的軟體，或是成為可以賣給廣告商的重要眼球。

別為此傷心流淚太久，因為史上最強創業家變身慈善家的比爾·蓋茲和他的太太梅琳達，正忙著帶頭努力消滅世上的赤貧。而你知道，他們將會成功。等到他們成功了，我們就又有幾十億的潛在顧客了。

克服盲點

當然，你愈來愈上手之後，會同時累積「信號」讓你迅

速鑑定創辦人與新創公司。當然，你必須留意你的信號會不會偏離，因為這些年來你所建立的規則與經驗法則可能造成盲點。

我們就假設，你漸漸發現你見過的那些創辦人，抄襲產品的話就似乎永遠不會成功。然後我們再假設，有人為你引見馬克・祖克柏，而他給你看一個臉書的早期版本。由於第一代的臉書和Friendster或MySpace沒有太大差異，你可能會當他是個坑蒙拐騙的小偷。

於是你錯過了，因為社群媒體領域已經成熟到需要有人提出一個比Friendster和MySpace更乾淨、更容易了解的設計，還要有個技術團隊能夠處理平台擴張問題，以應付數億使用者。

這個世界需要像祖克柏的人「把事情做對」，還要有個叫彼得・提爾的人，大張旗鼓地給祖克柏50萬美元，換得公司的10%，以便臉書「把事情做對」。

側重創辦人，而非構想或市場

我盡可能依據經營者來選擇公司，而非依據其構想或市場，因為我已經領悟到無人能預見未來，但我對人才的判斷力絕佳。

「我不需要知道你的構想是否會成功，我只需要知道你會不會成功。」這句話在我的部落格上不斷反覆出現。

在你的天使投資生涯中，花點時間評估創辦人與其動機。問自己一個簡單的問題：「如果條件允許，我會買這個人的股票嗎？」如果你不會買這個創辦人的股票，那你就不應該買他們公司的股票，因為創辦人和他們的公司並無區別。他們如出一轍。

臉書就是祖克柏，祖克柏就是臉書。西恩·帕克（Sean Parker）看出祖克柏的股價高，於是當了臉書的第一任總裁，且當他一發現祖克柏有多麼特別時，就立刻把自己的朋友彼得·提爾找來。

人並非全部，卻是唯一。

第 18 章

四個創辦人問題

第一千零一次約會

天使的人生就是管理一個交易漏斗，步驟有三：尋找交易來源，評估交易，最後挑選出你要注資的創辦人。

和創辦人會面一個小時，是天使決定投資誰最常用的方法，但肯定不是唯一方法。有一些天使挑選投資的主要方法，是追隨其他聰明的投資人，搭上他們會面與交易流的順風車。

另一個方法就是乾脆檢視核心衡量數據，並根據這些數據做決定。這種方法可以靠檢視投影片，或者查核公開的資訊來源，例如應用程式商店的排名，以及流量監測服務，如Alexa與Quantcast。

有些投資人自己有個巨型名片盒，只投資已經認識的創辦人，這個方法對於認識伊隆·馬斯克（在特斯拉與SpaceX之前有Zip2與PayPal）、伊凡·威廉斯（推特之前有Blogger）以及馬克·平克斯（Zynga之前有Freeloader與Tribe）的投資人來說成效絕佳。

當然，「投資已經認識的人」做法意味著可能錯過史上最大的新創公司：馬克·祖克柏、比爾·蓋茲、伊萬·斯皮格（Evan Spiegel），以及賴瑞·佩吉，他們全都在第一次嘗試時敲出了全壘打——分別在十九歲、二十歲、二十一歲，以及二十五歲。

會面不但重要又有彈性，你應該多加利用。一個星期安排十次一小時的會面，對專業的天使來說是不錯的目標。如果你是兼職，目標就是一半。

在你開始安排會面，我能給你的最佳建議，就是要來者不拒——但到了開支票的時候必須矜持。別像我從前那般濫情。

我現在要告訴你，我會問所有創辦人的四大重要問題。問這些問題，目的並非只是為了讓你了解該公司，還為了讓你自己能答出那四個關鍵的投資人提問：

1. 為何**這位**創辦人選擇**這個**事業？
2. 這位創辦人的投入程度？
3. 這位創辦人在這個行業成功的機率——以及人生成功

的機率？

4. 如果成功，其營收以及我的回報會有多少？

如何提問

你在這些會面的職責，就是扮演從1970年代連續播放超過三十年的經典電視節目《神探可倫坡》(*Columbo*)中，那個低調謙虛又老是被看扁的警探。你的職責並非炫耀或證明你有多聰明，向創辦人解釋他們哪裡做錯了、或吹噓自己身為投資人的豐功偉業，或者更糟糕的是，自己身為創辦人時的傲人成就。

你在這些會面中應該張大耳朵、閉上嘴巴。你提的問題應該簡潔，費時不超過幾秒鐘，接著深入傾聽答案，一邊在紙上做筆記，一邊全身心投入仔細思考答案——就像可倫坡。

像這樣的傾聽可達到兩個良性目標，第一就是創辦人感覺你有聽進去且能理解。

如果認為有人深入傾聽自己，他們會說得更多。

這是為什麼你跟心理醫生討論自己媽媽的病情時，他們會說「唔……」並歪著頭同情地看著你。接著又說，「多跟我說說」，或者「這個再說得深入一些」，或者就只說「你的母親……」。

這些反應就只有幾個字。最後一個是最強而有力的，因為只是懸在那裡，引你將這個話題繼續延伸。

你應該當《黑道家族》(*The Sopranos*)裡黑道老大索波諾的心理醫師——梅爾菲。只是耐心坐著，讓與你會面的創辦人傾吐心情與痛苦。如果你是優秀的傾聽者，就能成為優秀的投資人，也是優秀的朋友、優秀的父母或優秀的人類。

其次，如果你在會面時高度進入情況，深入思考創辦人以及他們為什麼會不理性地追求創辦公司(這種行為的失敗機率超過80%，而且受苦受難的機率100%)，那麼你就能做出更好的決定要投資誰了。

基本上，如果你像個偵探或心理醫生閉嘴聆聽，就比其他天使投資人更有機會揭開這四個問題的答案。

你會多一些成功機會，少一些錯漏。

第0號問題[1]

當你進行創辦人會面，問你的會談對象一個破冰問題，讓他暖暖身。

1「第0號問題」(Question Zero)是由哈佛商學院教授倫納德(Herman Leonard)所提出的概念，意即所有問題的根源。

0. 你怎麼認識珍的？

如果你是由共同認識的人牽線而認識這位創辦人，問這個簡單的句子能迅速建立共同點。傾聽對方給你的答案，並根據他的答案構思後續的問題。如果創辦人說他們和珍有合作，你的下一個問題就是：「你和珍有合作？是什麼樣的事？」

我有個遊戲就是講出來的字數愈少愈好，因為這會提醒我，這次會面重點不是我而是對方。這也會讓我顯得睿智，就像絕地武士歐比王，或者日本知名演員三船敏郎所飾演的角色。

接下來是我問每個創辦人的四個問題。這些問題的答案能提供投資決策所需的大部分消息。我們將一小時會面的前半段完全用在這方面，之後再進一步深入。

1. 你從事的是哪方面？

我用「你從事的是哪方面？」來表達這個問題，而非明確指出其公司名稱，如「Google是做什麼的？」或「我為什麼應該投資Google？」或者極為恐怖的「為什麼在十一個搜尋引擎宣告失敗後，你認為Google會成功？」。

如果問「你從事的是哪方面？」，等於認可了「創辦人—**你**」以及「創辦人的作為—**從事**」。這代表你有深刻的同理心，而且你體認到其事業非關它做什麼（Google幫你找東西），而是與人相關（賴利與賽吉寫了一個能幫人更快找到資訊的軟體）。

2. 你為什麼做這個？

同樣，這幾個簡單的字都聚焦在創辦人身上。當我問前兩個問題時，幾乎都會看到創辦人癱在椅子裡。他們放鬆下來，卸下防衛，感覺自己被我關心，而我也確實如此。就像神探可倫坡非常關心自己訊問的嫌犯，會在他們走入辦公室時問「那麼，你怎麼會來這裡？」，而不是一開口就說「發生謀殺案那天晚上你人在哪裡？」。

我就像可倫坡，尋找殺手並努力排除嫌犯。

問「你為什麼做這個？」也會得到一些非常、非常糟糕的答案。你常會聽到最糟糕的兩個答案是「賺錢」，以及「因為______（填入某成功企業之名）沒有這個服務。」

如果成立新創公司是為了錢，等到他們發現有許多方法可以更快、也更有把握賺到錢時，最終就會放棄。如果你想賺很多錢，那你最好在一個非常深奧且搶手的縱深領域成為世界級的程式設計師，讓Google或臉書一年給你至少100萬美元的股票和現金，連續給個十年。這對你沒有壞處，你可以一天工作幾個小時，還有無限供應的免費食物。

如果你創業是因為某個已經得到巨大成功的公司還沒有這種功能，呵呵，你太天真了，或者，更有可能你是個徹底的蠢蛋。這些年來，對我提案宣傳的新創公司，有號稱新聞的Google搜尋、影片的Google搜尋，以及書籍雜誌的Google搜尋。我們都知道最後結果如何。

不久前還有人拼命對我宣傳「食物優步」、「直升機優步」，以及「購物優步」。

雖然有一些超前市場的領導人建立了成功的新創公司，但一般來說，那種新創公司大多會被擊垮或者被低價收購。Summize是個用於推特的搜尋引擎，當時推特的技術表現不及格，所以幾乎無法在網上維持這項服務。於是他們買下Summize以便迎頭趕上，還買下TweetDeck，一個更先進的客戶端，可同時讀取多個資訊源，然而對Summize與TweetDeck的投資人來說，這些收購案的回報卻不如買下這兩家的推特。

打造一個遲早會被市場領導者觸及的功能，這種「創辦人」的大問題在於缺乏遠見（我在這裡用引號有其原因）。他們把選出一項功能當成一生志業，而不是選出一個完全成熟的產品或使命，使得他們喪失了成為真正創辦人的資格。

伊隆・馬斯克沒有打造電池組：他打造一輛汽車，最後是一套能源解決方案，其中包含了太陽能、家用電池，以及在你讀到這裡的時候，說不定還打造了像是優步的共乘服務。

起步小沒關係，但思維格局小就不行了。

「你為什麼打造這個？」的正確答案通常與個人相關。崔維斯・卡拉尼克和加瑞特・坎普（Garrett Camp）創建優步，是因為他們在巴黎參加一場科技研討會時叫不到計程車。伊隆・馬斯克創建SpaceX，是因為他想為人類留個備案。伊隆早前有個無人知曉的構想，是把一連串的溫室載上太空，做為生物圈的後備輔助，就像布魯斯・鄧恩（Bruce Dern）出演的電影《魂斷天外天》（*Silent Running*）——說個有意思的題外話，這部電影比《星際大戰》（*Star Wars*）以及啟發R2-D2機器人的無人空拍機還要早五年出現。

祖克柏不善和女生打交道，所以建立一個社群網路，讓他知道那些女生的情感關係狀態。

尋思：有什麼比生育更重要？祖克柏輸掉的競賽卻演變成人類史上成長最快的消費產品，這並非根據達爾文或佛洛伊德的理論，而大致上基於人類有尋找伴侶或與前愛侶聯繫的需求（正如那些提及臉書的大量離婚紀錄）。

3. 為什麼非現在不可？

這個問題已經在矽谷流傳了一陣子，而我第一次是從我朋友那裡聽來的——紅杉資本的羅洛夫・博沙，也就是說服我到他們公司當「偵察員」的創投業者。這個契機也造就我迄今兩個最棒的投資：優步與Thumbtack。

如果深入剖析這個問題，其實你問的是：「這個構想為什麼現在會成功？」

對優步來說很簡單：行動電話已經無所不在，而且有全球定位系統（GPS）。其實，在優步出現的一年之前，另一家公司已經在嘗試透過手機簡訊幫你預訂計程車。而他們「為什麼非現在不可」的理由單純是「手機簡訊」，但是坦白說，這樣還不夠。如果沒有先進的行動中央處理器（CPU）啟動漂亮的觸控式大螢幕加上軍用精密定位系統，就不會有優步。

至於YouTube，羅洛夫．博沙是第一個投資人，他們的「為什麼非現在不可？」則是匯聚了諸多因素，而最受歡迎的成就則會在這些完美風暴中醞釀而生。首先，頻寬成本在達康（dot-com）浪潮重挫之後急遽下跌。其次，儲存成本也因為所謂的雲端運算這個新事物而下降。第三，部落格興起。數百萬人每週寫出幾千萬篇文章，而YouTube提供一個靈活的方式，將他們的影片嵌入其他人的網站——不花錢就能觸及大量受眾。

在YouTube之前有過幾十個影音公司，但都收取頻寬與儲存費用，意思就是如果你想在網際網路上發表影片，你爆紅的報酬就是萬元的伺服器帳單。但YouTube寄給你的，卻是他們在你的熱門影片中播放廣告所得的千元支票。

在我第一年「新創發表節」上台發表的Dropbox，紅杉資本也同樣為其挹注資金，他們的「為什麼非現在不可？」和YouTube相同：頻寬與儲存成本大幅下降。

創辦人通常有這些「為什麼非現在不可？」的遠見，

卻不清楚那些洞見是否夠深遠。2004年我開創部落格公司Weblogs, Inc.時，我的論點很簡單：我相信優秀的新寫手一天發表五篇未加遴選的短文，爭取到的讀者會多於有地位的記者一個星期寫一篇由五、六個人編輯過的報導。

在我明白這一點時，情勢在我看來昭然若揭，但即便是《紐約時報》（*New York Times*）的記者也沒看出這一點。我記得我們的部落格Engadget第一次報導拉斯維加斯的消費電子展（CES）時，遇到了著名的科技記者約翰·馬可夫（John Markoff）。他問我們有多少人來這次展場，我說十五人。他大吃一驚，又問我們每個人發稿幾次，我說四次。

他說：「所以你們會有六十篇消費電子展的報導？」

我回答：「其實，他們一天會發四次稿。所以是……每一天六十篇報導。你的團隊發幾次稿？」

他說他們有三位記者來看展，接下來一個月會各發二、三篇稿。所以他們總共會有六篇報導，而我們是連續五天，一天發六十篇——總共三百篇。

從某方面來看，「為什麼非現在不可？」是公司最重要的問題，因為在我們這一行，有太多人一直在反覆嘗試同樣的構想。

Google是第十二個搜尋引擎。臉書是第十個社群網路。iPad是第二十個平板電腦。重點不是誰第一個到，而是誰在市場完備時第一個到。

4. 你有什麼不公平的優勢？

大獲成功的新創公司創辦人通常有不公平的優勢。Google有他們的史丹福人脈，才華洋溢的演算法工程天才濟濟一堂。臉書在祖克柏仍是哈佛學生時推出，他們利用對校園文化的了解和通訊錄，找出建立可擴張之線上社群網路的動能。馬克・平克斯推出Zynga時，與臉書有多年的交叉促銷協議，讓Zynga可以在臉書以驚人速度成長時跟著扶搖直上。瑪麗・蓋茲（Mary Gates）在聯合勸募（United Way）理事會任職期間，IBM的執行長也在理事會，直接導致IBM請她兒子比爾・蓋茲的新公司微軟，為IBM的第一部個人電腦建立作業系統。

換句話說，這個問題簡單幾個字的意思是：「什麼原因讓你有獨一無二的資格繼續追求這個事業？你知道什麼祕密，能幫你打敗現有的業者以及急起直追的後繼者？」

有時候創辦人答不出這個問題。那也沒關係。這個問題通常是最後看後視鏡回顧時才能回答。

我們學到什麼？

問過這四個創辦人提問後，你應該十分清楚這個人正在創造什麼、以及箇中原因。

這四個創辦人提問給你很好的起點，去回答每個天使在投資之前必須問自己的以下四個投資人提問。記住，我們想要釐清：

1. 為何**這位**創辦人選擇**這個**事業？
2. 這位創辦人的投入程度？
3. 這位創辦人在這個行業成功的機率——以及人生成功的機率？
4. 如果成功，其營收以及我的回報會有多少？

經過三十分鐘與四個提問之後，你將強烈感受到創辦人為什麼挑選這個事業、為什麼現在可能成功，當然還有他們在創造什麼。

而你大概不會知道的是，他們打算如何執行夢想的戰術細節，包括進入市場策略（go-to-market strategy）、他們有什麼樣的團隊、競爭環境概覽，以及商業模式的細微差別。

我們將在會面的後半段找出這些問題的答案。

我們也不知道創辦人的背景故事。我還喜歡問另一組與個人高度相關、十分深入的問題，以便了解我打交道的究竟是哪一種人。

這是一個富二代拿爸媽的錢在扮演「創辦人」的角色？

這是工人階級家庭出身的女兒，看著父母開計程車和清潔打掃，就為了讓她過更好的生活還能上史丹福？

這個創辦人的父母都是訴訟律師，他們認為人生從招聘、到投資、到爭取顧客等一切，都是一場大型訴訟，痛苦而緩慢地迂迴前進，最終只能落得雙輸局面？

我們接下來會找出答案。

讓我們繼續盤問……呃……我是說，面談！

第 19 章

直搗核心

接下來應該問的五個問題

我們在上一章花了很多時間在四個最重要的開放式創辦人提問，那是你在考慮投資一家新創公司時必須問的。

每一個提問都需要創辦人花上五分鐘回答，總共在你分配給這場會面的六十分鐘占用三十分鐘。（天使投資沒有「簡單喝杯咖啡」這種事。）

切記，創辦人說話時，你應該在筆記本上做筆記——不是在你的筆記型電腦或iPad上打字。如果你用iPad做筆記，你就是一心多用的笨蛋，所以千萬要表現得像個大人，用精緻的書寫工具在別緻的筆記本上做筆記。

這些事情很重要。別人會注意。

現在我們只是記下重要的事實，包括可能會在盡職調查[1]中出現的事項，例如他們之前的公司名稱、他們的競爭對手，以及他們所列舉的顧客（更多內容請見第24章）。

你也可以草草記下創辦人提出、並讓你立刻注意到的產業術語或關鍵字，比如我在做優步投資時，不斷出現「出租車牌照持有者」（medallion owners）這個詞。（而我稍後就會研究那是什麼樣的人、他們如何賺錢，以及他們在市場上為什麼非常沒有效率。）

你還應該寫下你心中覺得重要、但不值得在會議關鍵前半段打斷創辦人的提問。

你可能會聽到一個你從沒聽過的科技詞語縮寫，如「MVP—最小可行產品」，或者一本書的書名，裡面有個你從未聽說的理論，如鄧巴數字（Dunbar's Number）、電車難題（Trolley Problem）。請將這些全寫下來，稍後詢問創辦人：「你提到電車難題。不好意思，我從來沒聽說過這個詞。那是什麼意思？」

我請創辦人解釋每一個我從未聽過的詞，不管是公司還是技術或者理論。這對我有三方面的幫助。第一，我有了思考的重點。第二，我能聽到他們闡述能力的優劣。還有第三，

1 盡職調查（due diligence）是在簽署合約或是其他交易之前，依特定標準對合約或交易相關者或公司進行的調查。決策者可藉此取得所需資訊。

讓我變得更聰明。

我與創辦人會面時，我對他們行業的知識常常令他們肅然起敬，久而久之，我從一介圈外人，搖身一變成為這一行中最深思熟慮、博學多聞的策略家。

我投資新創公司的資金就算虧損了一半，為了從中獲得大量的學習我依舊持續。

你現在身為菜鳥投資人，大概會打破我們提過的「張大耳朵，閉上嘴巴」法則，也做出我警告你別做的白癡行為。你大概會在創辦人回答時畫蛇添足地打岔，用無關緊要的問題打斷對方，而不是將問題寫下來。而且你大概會把寶貴的時間浪費掉，而不是用來蒐集重要資訊，以便答出那四個重要的投資人提問——也就是我們在上一章提過兩次的關鍵提問，這裡還要重複第三次：

1. 為何**這位**創辦人選擇**這個**事業？
2. 這位創辦人的投入程度？
3. 這位創辦人在這個行業成功的機率——以及人生成功的機率？
4. 如果成功，其營收以及我的回報會有多少？

為了回答這些概括性的重要投資人提問，你必須讓創辦人暢所欲言並將真實的自我顯露出來。如果在會面的前半段，你的談話超過總時間的5%，就是表現不當，將無法擷取你做投資決策所需的資訊。

這四個提問應該會各花你十秒鐘，加起來根本不用一分鐘。你應該在剩下的二十九分鐘傾聽、做筆記。

我訓練自己不說話的方法（如果你是我，不說話可不是輕鬆的事）就是看著自己的手錶說：「我至少三分鐘不打斷創辦人。」這方法很有效，而且我很快就能安靜坐上五或十分鐘做筆記，深入了解創辦人，像個備戰的絕地武士。

你如果沒在會面前半段花時間了解「為什麼」，就開始用問題轟炸創辦人，對創辦人來說這種行為只證明你是個討厭鬼。最糟糕的情況，創辦人還會暗自猜想：「這個投資人在結束這一輪**之後**，會不會每次見面就像這樣打斷我、沒完沒了地指手畫腳嗎？」

我曾經是那種投資人。

別當那種投資人。

現在你學會怎樣不說話了，也是時候該做出另外十幾個精簡的提問，有技巧而人性化地結束這場會面。

既然已經走到一半了，我們就來繼續後半段。

策略性提問

這裡提供一些快速的策略提問可以和創辦人討論，如此一來你就了解他們打算如何實現夢想。你可以協助他們進入這個部分，只要說：「我可以很快地問你一些策略性問題嗎？」

他們會說好，而你要單刀直入這一連串提問。你可以在前面（或後面）加上修飾語，如「簡短地」或「快速地」，讓創辦人知道你只想聽見精簡的答案。

1. 跟我說說競爭態勢。
2. 你要怎麼賺錢？
3. 你對顧客收費多少？
4. 你顧客的平均花費是多少？
5. 跟我說說這個事業可能失敗的前三個原因。

回答這些問題不應該花很多力氣，而且優秀的創辦人通常能有效率地作答。以下是愛彼迎對這五個提問的可能答案：

1. 飯店業者和HomeAway是兩個最大競爭對手。飯店業者和HomeAway都比愛彼迎昂貴許多，通常貴上二至三倍。

2. 我們收取交易手續費。
3. 我們向屋主收取3%，從住客收取10%的費用。
4. 我們的平均住房時間是1.7晚，總費用為225美元，我們從中收取約40美元。
5. 法規是我們最大的挑戰，尋找房源是第二大挑戰，維持始終如一的高品質顧客體驗是第三大挑戰。

如果創辦人無法回答得如此緊湊，你應該見獵心喜。有許多創辦人與大部分的騙子，都無法客觀地談論自己的事業——這正是為何要有董事會、月報，還有投資人讓他們保持乖巧老實。

根據我經驗，許多創辦人會回答那五個提問如下：

1. 我們沒有任何競爭，只不過，有人可能會把自家的沙發傳到分類廣告網站Craiglist。我們在做的事，沒有人能夠做到！
2. 我們收取交易手續費，我們會做廣告，還會把我們的資料賣給行銷人員，而且還會銷售軟體。此外，我們會有商品！
3. 很多！
4. 我們遇過一個人住了一個月，而且上個月還有一位屋主把他的豪宅上架，一個晚上5,000美元的豪宅，賣出了十晚！

5. 我們不可能失敗。唯一的問題是這個事業能變得多大！

愛幻想做夢是成為創業家的基本要素，但是到達一定程度，就會有人翻過圍籬走出保留區。他們就此不告而別，他們的答案與現實狀況毫無關聯。

你的職責就是了解一個創辦人會有多瘋狂。有點像是搖滾巨星，伴著龐克搖滾樂，吞下一大堆藥，大肆破壞飯店的房間，但又不至於嗑藥過度致死或被逮捕。

去看看電影《大明星小跟班》（*Get Him to the Greek*）裡的搖滾巨星阿爾道斯．斯諾就明白了。

我的資金消耗率（burn rate）判斷訣竅

在與創辦人會面時，我通常能準確說出他們花多少錢，以及什麼時候會把現金用光。其實這非常簡單：只要把他們的營收、以及全職員工的數量寫下來。

如果一家名為三角洲公司（Delta Corporation）的新創公司，賣企業級軟體每月可賺1萬美元，而他們在矽谷有五位全職員工，我會概略算出一位每年是12萬美元（或每月1萬美元）── 因為可能還會有拿7萬美元的非工程師（non-Engineers），旁邊坐了幾位能賺15萬美元的開發人員。所有人都獲益，而你也必須支付一些薪資稅。

在美國的其他城市，我會算得少一點，例如早期全職員工每人每個月8,000美元。

因此，三角洲公司每月的人事支出是5萬美元，一個月大概還有1萬美元的各種雜項支出，總共支出6萬美元，意思就是他們每月燒光5萬美元（別忘了他們賣軟體可以賺1萬美元）。

我也會在對話時找機會問他們已經籌得多少資金。假設他們在幾個月前籌募到一年100萬美元。我就能估算出他們在過去一年中每月虧損5萬美元，總共是60萬美元，所以銀行裡還有40萬美元。再者他們每月燒掉5萬美元，所以還剩下八個月的現金。

我會對創辦人說這種話：「所以，你們一個月燒掉大約5萬美元，還剩下六到八個月的周轉現金？現在銀行裡大概還剩下40萬美元？」

他們一臉震驚地看著我。我怎麼知道？

有時候我會繼續追問，根據他們營收增加來提出這種問題：「三角洲公司每兩個月營收翻倍，所以你們六個月後就能損益平衡。以八個月的周轉現金來說，你們其實並不需要增資，對吧？」

這時候創辦人都嚇壞了。

某次有一位創辦人問我：「請問有人把我們的預測和損益表寄給你嗎？」

沒有。

這些其實非常簡單。我會時時多加留心、寫下數字，並做些簡略的數學計算。

我看過有些創辦人在新創公司全職工作，自己卻不做我在會面期間的這種簡單計算，所以毫不意外地把錢燒光了。

個人問題

你還可以問創辦人一些私人問題，窺探他們是什麼樣的人。我最在意的一個問題是：「撫養你長大的人，他們是做什麼的？」

我以前會問：「跟我說說你爸媽的事。」但這個問題略帶偏見，因為有些人成長的期間有兩個媽媽或兩個爸爸，又或者是單親，所以這個問題的最佳問法是問創辦人的撫養者。

在我的經驗中，沒有什麼比聊聊成長過程更能讓兩個人建立情感。有時候這個問題會演變成二十分鐘美妙的題外話，你將聽到一個出身藍領階級的人，扶養人分別是護士和清潔工，讓他一路走進常春藤盟校。有時候，可能會有人說起自己十歲時母親生命垂危。

我喜歡問這個問題，是因為可讓我與創辦人產生情感聯繫。創辦人的撫養者如何看待他們的行動計畫很重要，幾乎與創辦人如何看待自己所選之路一樣重要。

你可能會聽到有人告訴你，一如有人告訴過我的——他們的雙親創立了一家著名的公司，他們從小到大目睹父母將事業從地下室發展到公開上市。你會因為這件事而做出投資決定嗎？大概不會，但你可以從一個人的成長過程，清楚知道這些對他有多重要。你還能了解他們對新創公司的態度為何。

矽谷的人大多認為最力爭上游也最有動力的是「移民之子」，這或許有道理，但比爾・蓋茲和馬克・祖克柏卻是出身美國不同優勢地位的家庭。

我看過真正的富二代，他們的姓氏與他們那些封建時代的強盜貴族（robber baron）先祖一模一樣，雖然含著金湯匙出生，卻成了特別果敢堅毅的創辦人。我也看過移民父母的孩子——照理說應該是最不屈不撓的人，結果很快就放棄新創公司，到其他大公司裡工作。

雖然依據創辦人的家庭歷史來做投資決策並沒有既定法則，但我發現從這些故事中得到的資訊極為有用。

第 20 章

是創辦人，還是騙子？

拉長距離

如今當個科技新創公司的創辦人，有如置身1960或1970年代的搖滾樂團。當時會有關於主唱與樂團活躍的電影和電視節目，現在則是取材自新創公司。

比爾·蓋茲和史帝夫·賈伯斯是我這個世代的勵志楷模。沒多久，就成了楊致遠、傑夫·貝佐斯（Jeff Bezos）以及馬克·安德森（Marc Andreessen）。他們的五家新創公司中，有三家至今依然是世界級的大公司：微軟、蘋果，以及亞馬遜。

接著是臉書，電影《社交網戰》（*The Social Network*）不但讓祖克柏舉世聞名，還將他的第一個天使投資人彼得·提爾和非正式顧問西恩・帕克兩個人都變成了傳奇。

CD的銷售在1999年達到將近150億美元的巔峰，之後因為科技的影響而暴跌，而具體來說，就是網際網路的影響。隨著營收大跌，音樂偶像也隨之黯然失色。

雖然音樂產業看似下滑，但我們這一行的弄臣史帝夫・賈伯斯，偷走了他們的皇冠，靠著iPod和iPhone將蘋果從我們這一行的笑柄（堪比AOL或雅虎等級的警世故事）徹底變成北極星。

史帝夫・賈伯斯創造了這個行業前所未見的最大印鈔機，蘋果現在單季賺的錢（780億美元）比全球音樂產業一年賺的多（420億美元）。

在我撰寫本書時，伊隆・馬斯克和傑夫・貝佐斯是創辦人的偶像。等你看到這裡時，取而代之的可能是Cafe X或某個人工智慧（AI）新創公司的創辦人。他們吸引全世界的注意，同時快速解決問題超乎我們所想像。

人人都想當創辦人，但其實不明白其中含意。身為領導人之所以令人討厭，是因為最終你不只要對自己的表現負責，還要為整個團隊的表現、市場、投資人、競爭對手，甚至是顧客負責。

如今自稱「創辦人」的人，多數只是扮演創辦人的角色——無論他們是否心裡有數。

是的，責任由創辦人承擔，一旦情況變糟，100%的指責會全落在創辦人身上。

沒有人記得你是**如何**贏或輸，只記得你**究竟**贏還是輸。

結果就是人人都會批判你。你可能有堆積如山的訴訟，而且被不良商譽纏身多年（問問祖克柏就知道）但如果你建立起億萬美元的事業，就不會有人在乎這些事了。建立了千億美元的事業，大家會說你是天才——即使你在過程中坑騙了所有朋友還出賣了顧客（同樣，去問問祖克柏）。

身為創辦人，代表所有難題都要由你來解決，甚至是被你說服加入團隊的頂尖聰明人也無法解決的難題。想像一下，你的新創公司有六個人，他們每個星期都會遇上三個無法解決的問題，也就是每隔一天就有出現一個問題。這表示你每個月有超過五十個頗有挑戰性的問題要面對（有許多是無法解決的），此外還要再加上你身為創辦人要面對的問題。

如果你病了、累了，或是心情不好，猜猜會怎樣？去死吧。解決問題！

如果你的資源不夠多，而你最好的開發人員剛好辭職要去Google上班，猜猜會怎樣？去死吧。解決問題！

如果最支持你的投資人承諾下一輪給你注資，但他卻在辦理離婚的同時，投資組合中最重要的公司遭遇股東訴訟的重創，導致他那家公司失去90%的顧客，猜猜會怎樣？去死吧。解決問題！

如果你被專利流氓[1]盯上，決定在你推出產品的隔天對你發起訴訟，猜猜會怎樣？去死吧。解決問題！

當個創辦人實在爛透了，但如果你是時常關注社群媒體和電視的年輕人，看到Snapchat的伊萬．斯皮格和名模訂婚又申請公開上市，你會以為那一切都是香檳與玫瑰。

我樂見眾人受到光吸引，即使可能被灼傷，甚至最後還將自己燃燒殆盡。至少他們嘗試過。

不過，身為投資人，你必須小心別投資到三十個笨蛋，因為他們根本處理不了創辦人生涯中無止境的爛攤子。

現在我們就來談談，你身為天使投資人要怎樣判斷，那位對你賣力推銷的人是騙子還是創辦人。

創辦人的關鍵特質

成為優秀創辦人的核心，就是不屈不撓、並渴望看見自己對世界的夢想——或夢想中的世界能夠實現。當你常常與創辦人會面，正如天使該做的事，那你很快就能感覺到他們的新創公司對他們是否有足夠重要性。

1 專利流氓（patent troll）是積極發動專利侵權訴訟以牟利的個人或公司。美國是全世界專利糾紛最多的國家之一。

你需要知道的，是這位創辦人會不會在局勢艱難時放棄。假設銀行裡有300萬、每個人都有頂級薪水，而且還有免費食物，那誰都願意來工作。

如果現金告罄，這位創辦人會願意自己三個月不支薪、刪減免費食物，並要求團隊所有人接下來幾個月都延遲領到50%的薪水嗎？

讓一家新創公司關門倒閉的頭號原因，其實不是現金告罄——然而這卻是多數人的想法。一家新創公司失敗的頭號原因，是因為創辦人放棄了。

我看過許多創辦人苦熬而且兼職，甚至用個人的信用卡發薪水，以挽救事業。

現在有新一代的假創業家，著迷於新創公司的「生活方式」，被慫恿著在不費力的情況下開設公司，但他們永遠不考慮拿比在Google工作低的薪水。

如果創辦人討論在新創公司的薪酬時，開口就說「我想要Google不久前給我的條件那樣」，這時你就能確定，這位創辦人在遇到更好的條件時會撒手不管。你當然在Google可以得到最多錢，因為他們有個巨大的印鈔機，而且還真的不知道怎麼花掉那些利潤。

另一個重大的警訊，就是創辦人要等拿到資金才願意開始工作。

或者，創辦人不想做特定的工作，例如業務拜訪。或者他希望生活與工作平衡。

那些在公司獲利之前就想著去科切拉音樂節(Coachella)、TED、TEDx,或其他研討會的創辦人,不會是你想投資的人。

當我看到創辦人浪費時間在無法直接帶來投資人、客戶或團隊成員的活動,我就會窘迫不安,然後把籌碼堆移到其他地方。

將金錢、時間花在辦公室空間而非產品的創辦人也是一樣。

泰姬瑪哈陵症候群[2]或許是最能確認一家公司是否到達顛峰的徵兆。當我看到蘋果打造出人類史上最令人驚嘆的園區,正中央是兩百八十萬平方英尺的火箭船造型建築,而他們生產的手機和筆記型電腦卻遭到死忠粉絲的嚴厲批評,我不禁搖頭。

蘋果在賈伯斯逝世後的最大作品,真的會是他們的新園區嗎?

或許是吧。該死。

---

2 泰姬瑪哈陵症候群(Taj Mahal syndrome)用於形容某些房地產持有者的錯誤印象,以為只要夠氣派獨特,就能引起買家朝聖。

沒有祕密

還有一個重大警示訊號，就是一家公司的創辦人早早把大量股份賣掉，將所有風險與責任轉嫁給投資人。2015年時有一個可怕的小應用程式叫Secret，可以讓你匿名毀謗其他人，他們的兩位創辦人就是這樣搞。

據說那兩位創辦人向參與B輪注資的投資人、以及一些呆傻的創投業者各要求300萬美元，大家都迫不及待想從Secret的成功爆紅分一杯羹——這個成功就是靠著毀謗他人，而且顯然僅此而已。

這兩個呆子不但拿到了大筆現金，還買了一輛貨真價實的法拉利，當著員工和整個業界的面招搖過市。

假如你得到一次重大成功，第一法則就是低著頭，別做任何引人目光的消費行為。

他們在籌募到所有資金後不久便關閉公司，當時擔任Google旗下創投公司主管的比爾・馬里斯（Bill Maris）說：「那簡直跟搶銀行沒兩樣。我認為他們應該歸還所有的錢。」

是沉默而致命，還是致命的沉默？

創辦人如果不和投資人溝通，等於能預見他們將會破產停業（見第27章關於月報的內容），但有小部分的創辦人個性內向，只會埋頭苦幹。

觀察創辦人與你會面時的行為表現，並透過電子郵件詢問，都是很好的測試辦法。我有時候會冷不防收到陌生人的電子郵件，假如我認為他們的產品或領英檔案看起來優秀又有能力，就會向他們提出三個問題。通常我會寄一封如下的電子郵件給他們：

珍，

不錯的開頭，簡單幾個問題：

1. 每季營收？
2. 產品進入市場多久（幾個月）？
3. 這些年我看過好幾家公司在這個領域中失敗了——為什麼這次會成功？

祝好

傑森

這樣簡短的電子郵件，也許能吸引有效率的創辦人出奇精簡的回信。不過，你通常會收到長篇大論的電子郵件，卻沒有切中要害，因為他們會突然瘋狂離題。

這些不會簡潔溝通的創辦人，長期的表現大概也不會太好。他們可能是在扮演「創辦人」這個角色。

「半瓶水，響叮噹。」我跆拳道教練的教練時常對他如此告誡——而他也時常這樣告誡我。如果你老是問下一次的晉級考試，或者問為什麼別人可以參加考試，表示你其實沒準備好晉級。在晉級黑帶之前有長達兩年的棕帶期，吵鬧的學生通常會在此時放棄，而最終晉級黑帶的，則是安靜專注的學生。

第 21 章

評估交易

時機

評估尚在生命最早期的新創公司交易時，你沒有太多可供參考的資料。你可以將天使投資放進兩個基本籃子：前集客力（pre-traction）與後集客力（post-traction）。集客力表現的形式是有人使用產品，且有時候為了產品而付錢。前集客力的意思，則是產品還未有使用者或營收。

在前集客力這一籃，你會聽到投資人討論新創公司大致從早期到稍後各種不同進程階段，包括：餐巾紙背面計算[1]、

1 餐巾紙背面計算（back-of-the-envelope）指的是一種支持某觀點的粗略計算，其精確度介於猜測與證明間。常用在數學，物理，及某些工程領域中。

基本調查、創業計畫書、實體模型（mock-up）、功能性原型[2]、最小可行產品、Beta測試，以及祕密模式[3]。

在早期階段，賠錢的可能性較大，但其估值相對低以獎勵你承受風險。

只把構想寫在餐巾紙背面的初次創辦人，一般而言不值得你挹注資金。如果你是初次創辦人，你的職責就是建立一個功能性原型或最小可行產品，最好還能進行Beta測試。初次創辦人如果出身富裕，或許會找他們有錢的姑姑或父母贊助2.5萬美元，讓他們可以辭掉工作並雇用設計師，完成這些早期步驟（見第7章「親朋好友」）。

如果你是經驗豐富的創辦人，以前成立過公司並脫手出售，單憑寫在餐巾紙背面的計畫或者一個單純的構想就能在種子輪找朋友募集50萬美元——比方說，「我要聚焦在教育類應用程式」。但如果是經驗豐富的創辦人這樣做，那對投資人來說就是個大大的警訊了，因為他們應該要能憑己之力建立最小可行產品，並執行Beta測試，。

當你在矽谷評估交易，身為天使投資新手，沒有理由投資處於前集客力的新創公司。你可以投資，但得承擔沒有必要的風險。此外，由於你的時間有限，我建議你不用與尚未

2　功能性原型（functional prototype）具備了產品設計的功能與外觀，但尺寸與技術可能與最終設計不同。

3　祕密模式（stealth mode）是新創公司避免驚動潛在競爭者的運作模式。

在市場推出產品的人會面。

在我看來，創辦人不應該在發起構想、創業計畫書時，或者在最小可行產品之前的階段與天使投資人接觸。如果他們找上你，代表他們無法自己創造產品，也沒有能力找到有才華的人在週末和他們一起打造產品，或者無法找來親朋好友資助。

這樣公平嗎？不公平。

這個世界公平嗎？不公平。

你手上有三十枚子彈可以擊發，這不是慈善事業，而是戰爭。你應該見面的對象，是能夠用血汗股權（見第7章）建立產品、以及有最大集客力的最佳團隊。

或許在你獲得大筆回報之後，你能專為有創業計畫書的人經營一個孵化器，或者給不懂程式編碼的人開辦程式語言學校，但這本書的焦點在於讓你回報多過投入的三十家新創公司投資。

就我的經驗，**太早進入**是天使投資新手最重大的錯誤。以下是我在市場上看到的概況，應該能讓你稍加斟酌：

- 99％將構想寫在餐巾紙背面的人始終沒有去做。
- 95％寫出創業計畫書的人始終沒有執行。
- 90％做出原型的人始終沒有建造出最小可行產品。
- 80％建造出最小可行產品的人始終沒有進行Beta測試。

· 80%做了Beta測試的人始終沒有成立公司。

· 95%成功進行Beta測試的人始終沒有籌募到資金。

現在拿這些百分比，來對照已籌措到資金的新創公司80%至90%的死亡率，你不妨想想你是否願意給你表哥的朋友2.5萬美元，給他們建造原型或最小可行產品。

說得簡單些，產品與市場相契合又有些集客力的公司有太多，他們還有一些天使投資人，但需要更多資本來完成目標。

那些新創公司才是你前三十筆天使投資需要聚焦關注的。

你想要的，是會做事的人，而不是嚷著在你資助之後才可能會去做的人。

按比例取得股份

「按比例取得股份」是指你透過在未來幾輪中繼續投資，以維持你在一家公司的持股百分比。舉例來說，如果你在一家交易後估值（post-money valutaion，在你的投資進入之後的公司價值)250萬美元的公司投資2.5萬美元，你將擁有該公司的1%。

假如這家公司決定一年後籌措100萬美元，其交易後估值達到1,000萬美元，也就是交易前估值為900萬美元，等錢進了銀行就會增加到1,000萬美元——你這時必須投資更多錢才能維持原本的1%。

這個時候，如果你不投資更多錢，公司藉由籌措100萬美元而將你的股份稀釋10%，等於你將擁有該公司約0.9%。如果你在下一輪融資時沒有投資更多錢，雖然你擁有的百分比會下降，但你持有股份的這家公司，其估值已經是你投資時的四倍。那是非常好的事！

在這種情況下，你投資的公司突然價值高出許多，你應該留意是誰投資那筆錢。聰明人會想要四倍下注，並問創辦人是否可以在這一輪投入10萬美元，如此一來又給你1%，而你的持股則將近2%。

按比例取得股份是你維持百分比的權利，這一點很重要，因為有時候新的投資人會想自己吃下整輪投資。實際上，如果你的其中一家公司價值10億美元，你可能會放棄投資數百萬美元去維持百分比，但如果你是有權利的，其實你能與其他投資人成立聯合團來進行，與大家共享利益。

按比例取得股份的權利必不可少，沒有這個權利就不要進行交易。

多數創辦人會給他們的天使投資人權利按比例取得股份。如果沒有，苗頭就不對了。為什麼你不想你的早期投資人獲得報酬？如果有人說服創辦人不給你按比例取得股份的權利，或說你這個投資人份量太少不應有這個權利，我建議你告訴他們：「嘿，我在你身上其實冒了很大的險，所以我希望你會讓我在未來幾輪開更多支票，維持我在你這裡的基礎。我不是要求免費股權，只是要求我可以在你發展的時候給你開出更大的支票！」

這樣通常能奏效，因為合情合理。

估值

我從2010開始投資矽谷的早期新創公司時，入場的價格在200萬到400萬美元。隨著市場愈來愈瘋狂，以及大贏家一一浮現，例如優步、愛彼迎、Instagram以及Snapchat，種子輪的估值來到400萬到600萬美元區間，之後衝到1,000萬美元的高峰，接著再次回落到務實的300萬至600萬美元之間。

為什麼一家新創公司的估值是300萬美元，而另一家卻是600萬美元？簡單說，這是爭取交易的競賽。創辦人一般會將募資輪的價格盡可能定在最高，以減少達成募資目標所必須賣出的股份數量。

該給公司貼上什麼樣的估值，創辦人對此也同樣茫然。所以他們常常參考朋友的籌募並努力超越，因為他們是競爭關係。或者他們會努力與之齊平，這樣就不會覺得自己太差。

估值固然重要，但更重要的是參與最好的交易。我知道有人因為推特和Zynga的A輪估值在千萬美元出頭，所以略過不投資，卻看到那些連續創業家和他們的公司價值翻到數十億美元。

了解估值的快速方法，就是直接問創辦人：「你這個估值是怎麼來的？」

有時候是由一個「主要投資人」提供的，也就是在這一輪投入最大金額的投資人——例如25萬美元——並由這個人推動交易。

如果是這種情況，這一輪大概差不多了，因為這位投資人與創辦人看法完全一致，希望一起合作。你這時候沒有必要多加考慮。要是你熱愛這家公司，那你就加入，若是你沒有那麼愛這家公司，那就退出。一個2.5萬美元的天使不太可能重新設定一輪融資的條件。

如果創辦人挑的是一個大數字，例如1,000萬美元，而且沒有一個主要投資人，你當然可以對創辦人說：「所以1,000萬美元是你的目標。你是怎樣得出這個數字的？」他們不一定有答案，「我們一個月的營收有5萬美元」的答案或許不錯。「我們有2.5萬名每日活躍用戶，而且我們過去三個月每月成長50%」也還不錯。

差勁的答案有「呃，我們剛好挑中了」或「上一次的Y

Combinator課程中有人拿到了1,200萬美元，所以我們覺得1,000萬美元算便宜！」。

另一個很好的方法就是乾脆問創辦人：「這個估值已經定案了嗎？」接著只要傾聽就好。或許他們會像過去無數的新創公司，過了幾個星期無法完成籌資輪又回頭來找你，而且心裡想的是另一個不同的數字。

這是個市場，估值可能上下波動。但估值的重要性遠不及以下資訊：了解其他投資人是誰、業務進行得如何、顧客是誰或者團隊中有什麼人。

第 22 章

天使為何應該做交易備忘錄

改善篩選過程的最佳方法

創投公司在新創公司挹注的資金比天使多，但投資的新創公司數量比天使少。一個創投業者通常投資數百萬美元，而你投資數萬美元。一個創投業者一年或許會投資個一、二個交易，並加入每家公司的董事會，直到他們名列八家或十家的董事會。

你一年會投資五到十五家新創公司，而且不會加入董事會。

其實，創投業者關注的是已經熬過「天使投資階段」的新創公司，也就是產品正迫切尋找市場、團隊規模仍小而且資源始終不足的新創公司。

跟開更大支票的創投業者建立穩健關係、並且跟產品與市場相契合且正擴大規模的創辦人深入合作——這些事非常重要的原因即在於此。

創投業者下注的數量較少，因此他們下賭注時要謹慎得多。我看過有創投業者超過一年連一家公司都沒有投資，而都專注在他們已經投資的新創公司。

你投資新創公司的過程和創投業者的投資過程還有一個重大差異，就是你是自己做決定，但創投業者的每一次投資都要與合夥人多次開會爭辯。

事實上，我之所以選擇不加入（或開設）創投公司，就是因為我認為拿自己的投資跟合夥人爭辯，簡直是種煉獄磨難——那會是我的土撥鼠日[1]。

對一家新創公司的強大信念而振奮不已，卻只能跟五、六位兄弟（今日創投公司的投資操作職位將近90%都是男性）一起坐在高度政治化的會議室中，逐一對每個人證明自己的觀點，全都為了開出一張天使不可能開的支票。

就像我們討論過的，新創公司在最早期階段可能會有長長一串失敗的理由，但是把成功的理由列出來卻沒幾條。

在創投公司裡，你有幾十個關係要經營，還有數十年成

1 土撥鼠日（Groundhog Day）是北美地區每年依據土撥鼠行為來預測春天是否將至的傳統節日，這個節日也因為同名電影《今天暫時停止》（*Groundhog Day*）而被引申為「不斷重複發生相同問題的惱人狀況」。

功與失敗的投資經驗必須分析透徹，所以將決策標準化的簡單方法：交易備忘錄。

天使是用不著寫交易備忘錄，但其實你應該寫，因為交易備忘錄強迫你在短期內具體釐清思維。回顧過去寫下的交易備忘錄，看看自己哪裡做對、哪裡又做錯了，還能幫你提升未來挑選的功力。

交易備忘錄最佳範本

想知道交易備忘錄是什麼，還有它為什麼重要，最簡單的方法就是討論公開發表過的最佳交易備忘錄：羅洛夫・博沙年輕時的一次充滿熱情、有理有據地投資一家正在燒錢的影片新創公司，而同樣的事業在此前已經失敗了十多次，且有很大的法律風險。

那家新創公司叫YouTube，讓紅杉資本賺了超過5億美元。

博沙的交易備忘錄包含了以下幾個部分：引言、交易、競爭態勢、雇用計畫、關鍵風險，以及建議。

就像前面討論過的，新創公司失敗的原因總是不勝枚舉，而羅洛夫的「關鍵風險」清單無所不包，包括以下的觀察結論：

「YouTube面臨重大的潛在競爭……」羅洛夫詳細列出七種不同類型的競爭對手，從直接對手如Dailymotion與Vimeo到照片網站如Flickr，因為他們隨時可能跳進影片領域。更別忘了大型網路業者如Google與雅虎、娛樂網站、檔案共享服務，以及IPTV（internet protocol TV，網際網路通訊協定電視）公司。

而在這些競爭風險之外，羅洛夫更詳細列出營收模式可能面臨的種種挑戰，包括「我們不知道YouTube可供評註的千人成本[2]」、「我們不知道影片資料庫能變現的百分比」，以及我個人最喜歡的一條，「我們不確定以YouTube目前每日供應十萬支影片的水準，還能成長多少」。

現在你明白到處都有競爭對手，而且變現很困難，備忘錄詳細列出更多風險，包括擴張性（也就是YouTube能不能繼續維護伺服器並以低廉價格營運）、平衡成長（也就是萬一有很多人觀看影片，但上傳的有趣影片卻不夠多怎麼辦？），以及缺乏證據顯示有「退場」之策略，羅洛夫對此簡潔扼要地總結：「我們無法提出太多可堪比擬的退場估值。」

總而言之，YouTube有龐大的競爭風險、營收挑戰，且難以擴張，而且沒有人想要買這個銷售時點情報系統[3]——我

2 千人成本（CPM）指廣告透過媒介所送達一千個人所需的成本。

3 銷售時點情報系統（POS）是用於統計商品的銷售、庫存與顧客購買行為的電子系統。

們提過法律問題了嗎？

當然，他把這些問題全都列出來，想必是要讓合夥人知道他已經徹底深入了解，說不定這些分析還是萬一YouTube失敗的自保防範手段，但羅洛夫在最後以一個簡單漂亮的建議收尾：

「我建議我們按照計畫繼續進行融資。」

新創公司的彩衣吹笛人[4]

我在短暫的天使投資人生涯用過三種交易備忘錄版本。第一種是在我的日誌上做筆記。那些筆記遺落在一疊我快速寫滿的日誌當中，而我卻從沒回頭看。

我基於兩個理由判定日誌筆記有其重要性。第一，讓跟我會面的人感覺受尊重，因為他們的新創公司值得他們向來視為睿智、開支票老手的天使留下紀錄。當傑夫・貝佐斯在與我和我的Weblogs, Inc.合夥人布萊恩・阿爾維（Brian Alvey）會面時做筆記，我可以告訴你，我覺得自己十分與眾不同。

4 彩衣吹笛人（the Pied Piper）是一個童話人物。他消除了哈梅林鎮的所有老鼠，但鎮上官員拒絕給他說好的報酬，於是他就吹著美麗的音樂，把所有孩子帶出哈梅林鎮。

其次，當我在日誌上寫東西，我注意到自己的專注程度和記憶力增加，後設認知也一樣——後設認知（metacognition）是用比較花俏的方式描述「我對自己的思維的想法」。在我下筆時，我是奧林帕斯山上的宙斯，俯視我演出自己的一生，遙遠的距離構成獨特的觀點，那是光靠聆聽無法給予的。

我有一度認為應該把交易備忘錄寫成部落格文章。畢竟我開始進行天使投資時，幾乎所有資金都來自我部落格公司的出售。我知道我的部落格非常受歡迎；我的文章不時就有幾十個轉載和外部連結（inbound link）。那些連結會將我的部落格文章推到Google搜尋結果的頂端，將更多人引入Calacanis.com，所以不如利用這一點為我的投資爭取更多關注。

我從來沒有預料到部落格帶來的關注，會演變成我的投資產品抽樣、那些公司的人才招募，以及和位高權重的創投業者會面——事實卻是如此。

創辦人很快就明白過來，如果我投資他們的公司，我大概會在部落格寫我投資的理由，並邀請他們做為我播客節目《本週新創》（*This Week in Startups*）的來賓。這使得要求我投資的人數增加。就像紅杉資本一位合夥人告訴我的，我是新創公司的彩衣吹笛人——這個奇特的稱號，後來出現在HBO的影集《矽谷群瞎傳》。（我確定這只是巧合。）

保持冷靜，繼續進行

我其中一個早期投資是冥想應用程式Calm.com。我在2014年四月二十三日寫了一篇部落格文章，標題為「為什麼我（我們？）給Calm.com投資37.8萬美元」。當時那家公司總營收大概在5,000到1萬美元，而創辦人亞歷克斯・圖（Alex Tew）—— 不久前我邀請他上我的播客節目 —— 是個非常迷人的傢伙。

他創立了「百萬美元首頁」(million-dollar homepage)，一時爆紅而蔚為風潮。他是個窮大學生，想要有個100萬美元，於是架設一個網頁，任何人都可以給每一個像素支付1美元[5]。媒體大篇幅報導，於是他賺了100萬美元。

不過，以創辦人來說，亞歷克斯有些不修邊幅，和他見過面的每個投資人似乎很快就略過他和Calm.com。

我在部落格文章中寫道：「我挑選這家新創公司有好幾個理由，包括：有熱情的創辦人（一個名叫亞歷克斯・圖的英國人，熱愛靜思冥想，並創造了一樣爆紅的東西：百萬美元首頁）、絕佳的品牌定位（四個字母的網址，字典裡就查得到！），還有穩健可靠的數量結果（數千付費顧客，以及數十

5　該網站首頁有1000×1000像素的廣告位，並以10×10像素為基本單位進行銷售，每像素單價1美元計算。

萬免費用戶)。」

至於市場,我說:「靜思冥想將會跟瑜珈一樣受歡迎——說不定還更受歡迎。這是經過驗證的方法,有嚴謹的科學家在嚴謹的大學做過深入研究(http://marc.ucla.edu/)。」

我繼續在我的「部落格交易備忘錄」告誡創投業者:「不過,創投業者害怕對立場如此偏左的東西下賭注。這個東西失敗了會被他們拿來取笑:「那個冥想神祕東西現在怎麼啦?噢,失敗了,好吧……你可以把這放進下次的企業通訊裡讓它實現,你這白癡!」但我看來這顯然會成功。過個十年或二十年,大家都會認為此舉就跟1987年投資每杯咖啡比平均貴五倍的咖啡館一樣聰明過人(http://zh.wikipedia.org/wiki/星巴克#發展歷史)。」

做了這項投資的三十個月後,我和亞歷克斯見面,他告訴我好消息。公司的年度運行率[6]為1,000萬美元,而且已經獲利。他們根本不用再籌募資金,而我的投資對這家新創公司來說是及時雨,他說要不是我的投資,這家公司大概不會存在。

按照我的經驗以及它的成長速度來看,一個營收1,000萬美元、可獲利的應用程式公司,價值應該是總營收的五到

6 運行率(run rate)運行率是以當前營運狀況為基準,假設會以此條件發展的狀況下,來推算公司在未來一段時間的營運表現。

二十倍，或者獲利的二十五到一百倍。無論你怎樣削減，如果Calm.com在營收僅1,000萬美元時被收購，價值也會在2,500萬美元到1億美元（也就是我投資的六到二十五倍）。

有個我的「黑粉」在問答網站Quora貼文：「傑森・卡拉卡尼斯在Calm.com投資將近40萬美元是明智之舉嗎？為什麼？」那位黑粉又說：「考慮到相對小的利基市場、擴張的能力以及回報潛力，不知道像這樣有點出人意表的投資，背後的動機是啥。」

我在2014年四月二十五日回覆那位匿名提問人：「在1986年銀行界人士和律師做瑜珈的主意如何？也很荒誕不經……但是今天在同一堂瑜珈課看到十五歲到七十歲的人卻是稀鬆平常！100%正常。靜坐冥想？對有些人來說似乎很奇怪，等到他們親身去做並且有改變人生的巨大成果就不奇怪了。」

我最後又加了一段：「像Calm.com這樣的新創公司還是有70%的機率會失敗……那只是數學／歷史趨勢。當然，我認為它有70%的機會成為1億美元以上的企業，讓我的投資人獲得十到二十五倍的投資回報。」

有時候我都被自己的預測嚇到了。

第 23 章

拒絕交易的完美方式

拒絕創辦人的五十種方式

如果你與二十五、或五十個新創公司會面後才投資其中一個，那你得跟數百位創辦人說不。整天對人說不，對地球上的所有人來說幾乎是個新體驗——除非你是選角導演，或是出現在交友應用程式Tinder上的超級名模。

很少人會覺得說「不」很輕鬆，但覺得輕鬆的那些人，會在與創辦人會面時說「不」，或者在會面之後的電子郵件中說「不」。把「不」說清楚，在多數人（包括創辦人與投資人）心中是正確的事，然而雙方其實都不想聽到或說出那些話，因為「萬一……」。

於是投資人不說「不」，而是說些像「我們讓對話保持暢通」及「我要再跟合夥人確認一下」蓄意誤導創辦人。這些都是「不」的代稱，但是百折不撓的創辦人聽到投資人說了「不」以外的話，都聽成是「當然好」。甚至當他們聽到清楚明白的「不」，還是有許多人相信有機會。

我經歷過對創辦人說不的幾個不同階段。早期，我會讓創辦人糾纏不休，利用不與他們聯絡來測試他們的決心。有時候，我在意見回饋中鉅細靡遺，告訴創辦人所有我不投資他們的理由，並告訴他們「留著這封電子郵件，並在你證明我錯了的時候，引用這封信寫一篇部落格文章」，以此減緩對他們的打擊。

你想聽真話？

我每次和創辦人見面——在我被Y Combinator展示會下禁令之前（本章稍後會有更多詳情）——我會提議讓創辦人在對我提案說明之後，決定要「紅色小藥丸還是藍色小藥丸」。

他們100％會要紅色小藥丸，要求我告訴他們毫不保留的真話。我會對每一位創辦人解釋，我對他們的公司、產品，以及提案說明究竟有什麼想法，外加其他投資人會有什麼反應。

創辦人多半十分感謝我的坦白誠實，除了來自Y

Combinator的玻璃心小寶貝們。那些創辦人很像哈佛的學生，他們被接納進入競爭非常激烈的方案，然後被告知他們非常特別，因為太特別所以他們的新創公司比同一發展階段的其他新創公司價值高出二或三倍。

我和他們見面時，對他們厚顏無恥的要求和冒進總是很驚嘆。這方案的目的是為了讓參展的天使投資人有大量的「錯失恐懼症」（FOMO）。新創公司不能在展示會之前接受投資，而展示會時有超過一百家新創公司上台，簡直聲嘶力竭地對著觀眾喊出他們的市場有多大，以及他們即將稱霸市場、主宰市場。

Dropbox和愛彼迎是過去十年中最令人驚嘆的兩家新創公司，正是從Y Combinator畢業的，因此天使有理由關注這個地方，但說實在的，隨著方案將每班的新創公司數量從六個增加到一百二十個以上，其價值也漸漸被稀釋了。

在與這些新創公司見面時，我會直言不諱地告訴他們我的想法，而且常常會告訴他們，我不會按照他們浮誇的估值做投資，也就是在1,000萬、1,200萬，或1,500萬美元的區間——這在很多時候毫無進展。

Y Combinator裡有一家公司我覺得特別有意思，叫Weave。他們在2014年畢業時，我跟創辦人見了幾次面。產品設計欠佳，但概念很出色：Tinder加上領英。

他們的構想是，如果你想找有特定職銜的人進行業務會面，他們會顯示條件相符的項目，然後你就滑、滑、滑，滑那些你想見的人。因此，如果你想認識設計師、天使投資人，或律師，你可以一路滑進聊天室安排真正的會面。

我差點就要投資了，所以我找創辦人喝咖啡，問他要籌募多少、主要投資人是誰，以及估值多少。他沒打算籌募太多錢，也沒有主要投資人，這在這個階段是不正常的。

不過等我聽見他說估值是1,000萬美元時，差點把嘴裡的咖啡噴出來。我問他要怎樣證明這個數字站得住腳，以及這個數字是誰設定的。他說設定這個數字的是他本人，是以Y Cominator同伴的最高估值再略低一點。

「1,000萬的確是很高的估值。我投資優步和Thumbtack時，是900萬美元……」

他打斷我，然後說：「這只高出100萬，而且我們去了Y Combinator，何況市場現在更加火熱了！」

「唔……你沒讓我把話說完。優步和Thumbtack的第一輪是900萬美元——加總起來。」我說。

他的臉垮了下來。

「你不是崔維斯也不是馬可。」我對Weave的創辦人說，又說：「但我確定你有一天會成功。」

他們籌募到200萬美元，努力了三年，有過一、二次轉型，然後收攤關門。我逃過一劫。直到今天，我依舊認為Weave是個很棒的構想，而且我仍然樂見有人再次嘗試以地理位置為主、有趣且有用的專業性媒合應用程式。

我在Y Combinator見過幾十家新創公司並對那些公司開誠布公之後，他們在自己內部的系統給我一堆爛評價，並禁止我參加下次的展示會——這個禁令很快就為了下次展示會而取消了。我的意思是，你要怎樣禁止有史以來前十大天使投資人？

最近我和出自Y Combinator的創辦人見面時，我會採取屢試不爽的安全策略。我讓他們知道我至少喜歡他們業務的五個地方，而且我一點也不吹毛求疵。等他們請我投資或在會面後用電子郵件繼續跟進時，我會讓他們知道「他們不符合我的投資主題」，這是一句委婉的廢話。

方法奏效。

這時每一個玻璃心小寶貝都覺得自己很與眾不同且獨一無二——即使置身在Y Combinator這個新創公司的暴雪之中。

孵化器疲勞

參加孵化器很好，而且我建議去參加，但我認為不應該全盤接受他們一直以來強灌給投資人的一窩蜂心態。你可以去參加展示會，並將所有新創公司列成試算表，將你認為每一家的成功機率排出等級（低、中、高），並在欄位中寫下包含日期的註解。

挑出前五或前十，邀請他們進行正式會面。並在會面後寫下你的印象，以及他們籌募的金額與估值。

等到六個月後查看這些公司，你會很吃驚地發現他們幾乎一直在募資，而且金額極可能仍與上次募資相同——或者在20%以內。

靜觀那些烏龜能否破卵而出、回歸海洋，你就能跳過新生幼龜奔向大海時的血腥屠殺（更多細節請見第28章）。

95%的孵化器真正用意，是針對那些無法自行籌募金的新創公司創辦人。Y Combinator和我的LAUNCH孵化器大概是著名的例外，因為接納的人更為廣泛。

新手天使應該見見孵化器裡的創辦人，但要在他們畢業六個月或十二個月後才進行投資。

說「還沒」，別說「不」

近來若有創辦人問我是否準備投資，我很可能會說「還沒」。這是羅洛夫・博沙教我的委婉說法，而且有魔法般的作用。除了讓他們知道我還沒有到那個地步之外，還讓他們知道我想要他們把我納入他們的月報更新。

這樣我就能做到皆大歡喜，理由有三。第一，我沒有摧毀創辦人的心靈，後來我恍然大悟這是我的黑暗超能力。正如我輕易就能讓人覺得他們可擁有全世界，我說話尖酸刻薄、機智，加上布魯克林的耿直，會讓我真的插手干預。我曾跟人說，我「就是認為你不夠好」還有「我很喜歡你的構想，但我認為你並非實現構想的適當人選」，這些說法100%正確，但是我們沒有理由告訴一個自己救不了的溺水之人他們即將死亡。你只能對著他們微笑，緩緩將船划開，以確保他們不會把你一起拖下水。

「還沒」第二個了不起的地方就是，我給創辦人一個證明我錯的機會，而且依然將我納入。他們被點燃了熱情與決心，心裡想著：「我要證明給那個傢伙看！」

沒有什麼比讓一個創辦人「證明給我看」更令我開心的，因為這代表我將可以在一家更強大的公司下賭注。

第三，我確立了一件事。在我把錢給創辦人**之前**，我想看月報更新。

人生是一場巨大的試驗，而和投資人互動是其中一種試驗。看一個人慢慢實現計畫，是決定你是否應該投資的最佳方法。

第 24 章

盡職調查核對清單

降低風險

早期投資期間進行「盡職調查」是一種自發的主動行為，在拿出資金前先了解一家公司或個人。由於牽涉到的金額不大，例如一般個人天使只拿出 2.5 萬美元，所以許多人會略過這個步驟。

就一家早期階段的公司來說，沒有什麼可多加注意的，只除了更清楚了解創辦人的背景和聲譽。如果要投資的是一家在產品與市場相契合之前的公司，那根本沒有顧客可言，當然也沒有營收。要是他們已經進入市場也有顧客，實際可以觀察的資料大概不到一年。

隨著支票的金額開始增加，應當注意的要點通常也跟著變多，以創投業者付錢做個人背景查核來說，調查的是諸如重罪以及法律訴訟等要事。不過，就如同我們從安隆（Enron）、馬多夫（Bernie Madoff）等重大詐騙案，乃至最近的Theranos驚天毀滅戲碼中看到的[1]，如果創辦人是第一次做壞事被逮到，那即使你做了那些背景查核也查不出個所以然。通常團體迷思（groupthink）甚至是異想天開，會在你投資時無孔不入，大家環視談判桌上的彼此，暗想：「如果沒有什麼能夠嚇跑另外三個成功的投資人，那我也不用擔心。我確信如果有什麼不對勁，他們其中一人大概早就揭露了。」

此外，通常還有一種感覺，認為在關係的最早期階段，盡職調查流程可能是令人不快的推手，就像婚前協議給人的感覺是不信任或不浪漫。

你大概料想得到，曾經被灼傷的投資人更傾向於做額外的盡職調查，就像有過一次——或者二次、三次離婚經驗的人一樣，再也不怕婚前談判。

1 安隆（Enron）在2001年是世界上最大能源公司之一，卻於隔年的幾個星期內破產，批露出多年來的財務造假醜聞；馬多夫（Bernie Madoff）成立投資公司做為詐騙手段，令投資人損失超過500億美元；Theranos是醫療技術公司，2014年估值超過90億美元，號稱其產品能透過指尖採血完成數百項血液檢測，最終被發現是一場騙局。

扮演新創公司偵探

關於盡職調查流程，我建議應該與交易規模相符，這是我累積數年的心得。做法如下。在你與創辦人會面期間，深入探討幾個事實性問題，獲取更具體的消息，例如：

天　使：業務進行得怎樣？

創辦人：好極了。我們正在征服市場。大家都愛極了我們的產品。

天　使：你們有多少顧客？

創辦人：一萬兩千人。

天　使：一萬兩千，這數字真是可觀！是每個月、每年，還是過去十八個月的累計？

創辦人：呃，算是累計數字，但包含了我們的註冊用戶。

天　使：很好，所以從十八個月前推出產品以來，已經有一萬兩千人註冊你們的產品，平均一個月有六、七百人註冊。每個人支付多少錢？

創辦人：我們的收費是50美元。

天　使：好極了，所以你們一個月有六百個收費50美元的新顧客，也就是每月經常性收入（MRR）是3萬美元，而且總共有一萬兩千人，只要其中一半堅持使用你們的產品，每月經常性收入總額就有30萬美元？年度經常性收入（ARR）就是360萬美元——那為什麼你需要天使輪？

創辦人：呃，不完全是……

我們暫停這個劇本一分鐘。這時候，事實真相開始浮現，你了解到「顧客」這個名詞在這個創辦人的心中有不同的定義。

你或許認為顧客是付錢給你的人，但這位創辦人認為，只要曾經在他們的網站點擊臉書登入按鈕，就算之後再也沒有回來的人都算顧客。

你或許以為每個顧客50美元是他們的每月營收，但創辦人心中有個重大祕密讓他們緊張不安。

恭喜，你剛學到身為偵探的第一課：下一個最佳問題，就是用稍稍不同的方式詢問上一個問題。

我們不如回到劇本吧。

天　使：好吧，你是說你們並不是一個月收費50美元，還是說你們的每月經常性收入沒有3萬美元？

創辦人：呃，我們才剛開始收費，所以我們的營收是3,000美元。

天　使：喔，很好，所以你們是用一萬兩千名未收費的使用者進行測試，現在則是每人每月收費50美元，而一個月的營收是3,000美元，所以你們現在有六十個付費顧客？

創辦人：呃，不完全是，好吧，其實這麼說吧，到目前為止，我們的年營收是3,000美元。

天　使：好，不錯，所以你一年有3,000美元的營收，那就是一個月營收250美元，也就是以每個席次50美元來算，一個月有五個付費顧客，對嗎？

創辦人：呃，哎，差不多。我們有兩個人是一個月支付50美元，而我先前為他們客製軟體收取一次性費用2,500美元。

天　使：那好，既然一次性費用不是我們打算做的——所以你就是有兩個顧客一個月支付50美元，年度經常性收入1,200美元？

創辦人：噢，對，但他們不再使用產品，所以我們去年一年的營收是3,000美元。

天　使：明白了。

故事就此打住，我們來討論剛剛發生了什麼事。不管有意或者無心，人人都有一套自己界定現實的方法，所以這位精明的天使投資人知道有必要深入探討數字。

我稱這些為替代性指標（alternate metrics）。

在高賭金撲克中，有時候會看到氣急敗壞的賭客撕碎紙牌，丟向荷官，大聲叫囂：「經理！給我開個新局。」他說的「經理」指的是樓層經理（或賭場主管），而「開新局」就是兩副新的紙牌和新的荷官。

樓層經理對賭博給人帶來的挫折、失望或偏激瞭若指掌，80%的贏牌機會導致五個人當中會有一個人遭遇重挫，但是也有可能握有那80%機會贏牌的人卻輸了三次——連續輸。那就是20%的20%的20%，機率不到百分之一。

正如樓層經理必須清楚知道的，賭客遭遇暫時性現實扭曲，意思是他們認為紙牌和荷官是造成他們連續輸牌的原因，你身為天使投資人，也必須處理創辦人的幻想，因為他們誤以為使用者就是顧客、或以為顧問工作是可長可久的收入。

被觸怒或多想一些都沒什麼大不了，除非你發覺眼前的人，他的創辦人幻想程度已經是不同等級，甚至高到完全在說謊。

越線

我在前面第一個例子中，或許看似在應付一個無害又過度樂觀的創辦人，但是想想以下這種對話：

創辦人：我們的運行率是100萬美元。

天　使：你能仔細分析給我聽嗎？

創辦人：上週Acme公司以3,000美元簽下合約，而且我們有三百筆交易陸續要成交。

天　使：所以你們有一筆簽約好的交易，而且預期陸續進來的那三百筆交易100%會成交？

創辦人：一點也沒錯，我們即將完成。我來這裡的路上又多了兩個口頭承諾。

天　使：但坦白說，你們到現在已付款的營收總共是3,000美元。

創辦人：成交的交易，沒錯。還不算是已付金額。

再次暫時跳離劇本，這裡的創辦人一開始就非常明確是在說謊：他們的運行率是100萬美元，若非他們有辦法說服自己這不是說謊，不然他們就是蠢到沒藥醫。

他們應該不是笨，因為他們創造了產品還讓Acme給他們3,000美元，所以他們大概真在說謊。你可以進行下去。

如果你寫下所有已知事實，再讓助理或同事用備用文件加以確認，你會對自己的發現大吃一驚。

糟透了

有一家非常神奇的安全公司曾在我的研討會「新創發表節」做簡報，他們死纏爛打要我投資。他們有個極富人格魅力的創辦人和巧妙漂亮的產品。那年圍繞在他們攤位的人是最多的。

他們給我的感覺像是真正的贏家，而在舊金山一家私人俱樂部與科技菁英共進午餐時，他們告訴我，已經和臉書及Google簽約。

在這些會面中，我帶上我的前辦公室主任布萊斯，要他寫下一大堆重點。他會將他認為可能要查核的所有重點，在盡職調查核對清單中加粗，而臉書與Google的交易在這個案例肯定是要加粗的——那可是兩家非常好的參考客戶！

等我們進入盡職調查階段，布萊斯要求看那兩份合約，如此一來就能看到合約的存續期和潛在營收，而我們認為那應該是長期且高額的合約。

創辦人要我打電話給他們，並向我承認那兩個交易是口頭協議，但他不能告訴我要完成的對象與時間。

簡單來說這就是謊言。我們都知道，口頭合約毫無意義。在簽約之前宣稱他們是客戶，這就是詐騙。

這一切諷刺的地方在於，如果他說「我們確實快要跟臉書及Google簽訂交易。我們下週會寄送企畫書給他們，我可以給你所有文件的副本」的話，我大概就投資了。沒人會預期新創公司在這個階段就十拿九穩，這也是為什麼其中藏有機會。如果是十拿九穩的事，那就會稱為「債券」或「國庫券」，而報酬的百分比是以個位數計。

多年後，這家公司依然穩步前進，有些不錯的客戶，但還在努力向非合格投資者籌募大筆資金，積極在Instagram付費做廣告，將人導向股權群眾募資（equity crowdfunding）平台。

我看到的時候覺得惶恐不安。假如我多花點力氣奔走一下，戳破他的謊言，而那些投資者的遭遇又會是什麼——投入100美元或500美元的積蓄，卻不曾跟創辦人吃個午餐，也沒有個辦公室主任可以提出適當的問題並打斷那些胡說八道？

難怪金融監管者建立一大堆規定，限制向大眾募集投資資金。

沒有最糟，只有更糟

第二次有創辦人對我說謊，而且我還差點上當的，是一個聰明巧妙的隨選服務建立軟體。那是我一直夢想有朝一日能存在、也一直期待投資的事業。

我們就稱那家公司為「即食」(Food Right Now)。他們的宗旨是讓你在餐廳拿出電話，有個點單應用程式能利用安裝在桌子下的一個小裝置自動知道你在哪一桌，也就是無線信號定位科技（beacon technology）。

你再也不用跟服務生揮手示意要點菜。一發現自己的小孩打翻剛送上桌的炸花枝，你可以直接拿出電話再點一盤。

會面期間，他們談到產品測試是在帕羅奧圖一家我常光顧的餐廳，並極力讚美產品的效果。他們說餐廳經理非常喜歡這個構想，認為這是根本不用考慮的問題，還告訴他們，可以每筆帳單收取1美元，或是那家餐廳的每張桌子每月收取10美元。

即便現在想起這個應用程式，我還是愛極了他們的構想，而且想要資助——但布萊斯在盡職調查時發現「即食」犯了一個重大錯誤。

在我告訴創辦人我還在等待盡職調查的期間，他們卻跟一大堆投資人說我已經是投資者。這導致一些投資人也跟著投資。通常有高知名度的天使投資人投資時，創辦人會將這個消息拿到天使圈子當成「社會認同」(social proof)，以便讓其他骨牌跟著倒下。這種做法有效，而在新創公司收到我的電匯款項之後，我對這種做法沒意見——但是在此之前絕對不行。

我請布萊斯去他們進行測試產品的餐廳試用系統，並和那位經理聊聊。

布萊斯帶回壞消息。「你不會相信的，老闆。」他臉上掛著他獨特的面無表情。他是我一直以來優秀的助手之一。

他解釋說，即食在這家餐廳唯一進行的「測試」，就是在桌子安裝無線定位信號，並假裝向餐廳點餐。真正的測試根本不存在。經理的支持背書又是怎麼一回事？他們沒有明確說出經理的姓名，也說不出是哪一天，但他們宣稱幾個星期前曾和一位值班的經理聊過，並問他對這個構想的想法——當時得到了那位經理的正面回應。

什・麼・鬼？

我跟布萊斯說要跳過他們，但真正的問題來了：因為聽說我是投資者而加入的天使，問我為什麼縮手了。

亂・七・八・糟！

真相應該會讓你豁然開朗。媽的，真相應該讓我們所有人豁然開朗！給讀到這裡的創辦人，你們根本沒有理由對天使說謊，因為我們完全了解新創公司艱難且資源不足。如果不是這樣，你也不需要我們的資金去填補那些洞！

從謊言開始的所有關係都將以淚水告終。

避開那說謊者。擁抱那異想天開者。

這兩派人在未經訓練的人眼中只有一線之隔，但在你投資過幾十家公司、經過幾百次會面，並問過幾千個問題之後，你會發現差勁的人跟霓虹燈一樣顯眼。

伊隆·馬斯克異想天開地想到，用電氣化顛覆汽車產業。

崔維斯·卡拉尼克異想天開地想到，藉由創造隨叫隨有的駕駛網路顛覆交通運輸。

賴利與賽吉異想天開地想到，他們可以建立一個搜尋引擎，比以前的十幾個好上十倍。

人會說謊，不管是對自己還是投資人或者外界眾人，但「事實性謊言」(「我們和臉書及Google簽下合約！」）和崇高的宗旨（又稱為異想天開的妄想）是有差別的，如果一切順利，崇高的宗旨說不定能化為現實，就像「我們將登上火星」或者「我們將全世界的資訊加以編纂索引」。

看起來不妥，就是不妥

這又是一個盡職調查的災難故事。

還有一家新創公司是為中小企業提供服務，來找我時營收不錯，還有一份可靠的投資人名單，和一個深具人格魅力又態度積極的創辦人。

看來還不錯。

我們見面，他們的估值合理且客戶名單一直在成長。我有些心動，還注意到有一位我曾經一起做過多次交易的知名天使，名列公司的董事會。

聯絡現有的投資人向來是不錯的想法，所以我傳訊息給我的朋友，而他說「我馬上打電話給你」，這句話總是令人心驚膽戰。

他解釋說，那個創辦人做的許多事情在他看來是不道德的，於是我沒有進一步調查就得到一個簡單的結論，那是我至今仍信守的：看起來不妥，那就是不妥。

如果你無法處理和現有投資人的關係，那就是你做錯了。當然，通情達理的人可能不同意，但精明的創辦人能處理衝突並說服他人，減緩情勢惡化。就算投資人有錯，我也會質疑創辦人解決狀況的能力。

這樣公平嗎？我不知道，但我知道自己不想跟一個讓其他人都留下壞印象的人做生意。

人與人難免會發生彼此擦撞甚至有時碰撞，就像在NBA，但沒有人想待在一個有毒的團隊裡面。

第 25 章

你的首肯

具體實現

與三十家新創公司會過面，並挑選出你認為最有集客力、團隊最優秀，以及投資人陣容最穩健的一家公司之後，就該讓創辦人知道你有興趣投資，他們才能給你書面文件。

你會希望有個穩妥可靠的新創公司律師幫你審查這些文件，給你概括總結交易，並明白說出哪裡不尋常。律師最多只要花上一個小時就能幫你總結一項交易，這樣的代價相當值得。

你應該重複確認你有權按比例取得股份（見第 21 章）。如果沒有，直接請創辦人幫你添上。他們幾乎不會大驚小怪就照做。

在你完成交易時，應該讓他們知道你是多麼興奮，而且你最興奮的是能拿到他們的月報，讓你能為他們提供協助。

請在一百天後的行事曆上，安排一個與創辦人的簡短紀錄／咖啡會議，以及一年後的追蹤電話。這些都是添加在行事曆的簡單工作，而我的訣竅是只分配二十分鐘，這樣創辦人就不會覺得我盛氣凌人。你願意的話，可以再延長會面時間。

可能性不高，但你總是會碰到早期籌資輪就沒有缺額，或是有貪心的投資人企圖拿下整個投資輪的狀況。如果碰到了，你也總是能試著問創辦人：「有沒有什麼辦法能讓我加入，看是擴大這一輪還是有人要撤資？我想和你合作，幫忙讓這家公司對所有參與者而言都是大獲全勝。」

這種真心誠意的懇求鮮少得不到回應。如果他們真的沒有辦法讓你參與這一輪，你也總是能保持聯絡，以待將來投資，因為新創公司永遠不會停止增資。從不。

你會簽署一大堆電子文件，並將文書資料歸檔到你的Dropbox。如果他們願意給，你應該盡可能拿到資本結構表的副本，因為那可以讓你清楚掌握誰參與這一輪，以及每個人各自擁有多少股份。

久而久之，你會愈來愈善於解讀這些資本結構表，並破解其他天使投資人和創投業者的投資策略。

你可以寫一篇這家公司的部落格文章，以及你為什麼投資。或者嚴格保密這次交易。無論如何，務必確保你絕對沒有代替公司發言。如果你寫了一篇部落格文章，最好分享給創辦人，並說問他們：「你可以接受嗎？」

我自己身為創辦人時，若有投資人代替我們公司發言，我絕對不會高興——除非是我們請他們做的。

啊，對了，你還需要轉匯一些錢。某些時候你可能會拿到書面或電子的股票。並非所有人都會給書面，但如果是這種形式的話，還是很令人高興。

恭喜。

你現在是天使投資人了。

第 26 章

創辦人應該如何對待天使

談判桌的兩端

如果你是精明的創辦人，買這本書是要了解天使投資人怎麼想，我要向你這聰明狡詐的小混蛋致敬。

你比眾人超前一步，而且你從老師辦公室偷走了下次的考卷——恭喜！現在你安排好與夢想中的投資人會面，準備好你必須回答的「四個提問」(見第 18 章)，以及天使投資人會在事後自己的那四個提問。

看過這本書，你會比較容易答對問題，而且因為你了解傑出天使投資人的評估標準，你會知道究竟什麼事最重要：你建立一項產品或服務的能力，讓一大群人覺得滿意——而且必不可少。

早期的投資人與創辦人屬於同一個團隊，而且有相同的目標：成功。在創辦人與投資人之間、球員與教練之間、士兵與將軍之間、學徒與絕地大師之間，以及學生與教師之間偶然出現的分歧，大多可歸結到溝通、執行與優先順序。

我們將在這一章完成創辦人須知的三件事：第一，我們將說明投資人的心歷路程；第二，我們將讓你知道如何與投資人溝通——好壞皆有；以及最後一點，我們將談談忠誠的價值。

天使的心路歷程

天使需要你實現成就才有機會拿回他們的資金，而且他們是你最大的啦啦隊。他們愛你、希望你成功，所以你不該對他們有所隱瞞，或是將實際情況扭曲成你以為他們想聽的樣子。對我們開誠布公，我們才能幫忙。

記住，我們平均投資一家公司七年之後才能拿到錢——如果真的拿到錢的話。如果一位天使有二十年投資經歷，從他四十歲開始投資你，那他拿到回報時則已經將近五十歲——還有整整二十年可以花那筆錢。

我見過的天使大多是歷經風霜的老手，他們是想走進競技場卻沒有精力與耐力再戰的衰弱戰士。他們知道你比他們更有機會獲勝，所以支持像你一樣的年輕鬥士。

那就是天使投資人的祕密。我們希望自己是你。可惜我們不是。

就像「金主」執行製片也希望自己是演員、導演或編劇，天使之所以加入是想參與某件事。精明的創辦人讓天使感覺受接納，就像導演可能會給製片看每日進度，或是跟他們討論腳本，藉此讓製片感覺自己被需要。

這些製片有的是業界經驗豐富的老人，有很多東西可以貢獻，也有些是銀行家，私底下得了一筆財富正想辦法花掉。你身為創辦人的職責，就是搞懂你在跟哪一種原型打交道，以此區分他們的回饋意見。

此外，別忘了我們的投資有80%或90%會失敗，而且必然會經歷一次又一次的關門大吉。這讓人沮喪，特別是在天使投資的第二、第三與第四年（見第28與29章）。

想讓天使投資人感覺自己很特別？那就問問他們以及他們投資組合的狀況。

如果我們的回報有95%來自一檔投資，而其他80%的投資都失敗了，你應該做自我評估並自問：我是這位天使的爆炸性成功，或者尚算成功的那20%，還是其餘占去他太多注意力、正在掙扎的弱者之一？

如果你是那回收資本或小賺的20%，要將你的早期投資人納入你的成就，因為坦白說，他們應該、也需要有繞場一周的歡呼。當Thumbtack的馬可・薩帕柯斯塔（Marco Zappacosta）或優步的崔維斯・卡拉尼克打電話給我，邀請我參與公司的盛大聚會，或是寄送節日簡訊給我，那就好像是你最有出息、最忙碌的孩子把你納入他們的人生。就像你的朋友選上總統之後，你被邀請進白宮。

這感覺太棒了。

你會注意到我在書裡不時冒出學生／教師以及同儕／相等地位者的譬喻，因為天使的人際關係可能包含兩者。以我大部分的天使投資來說，我在新創公司這塊的經驗比創辦人高出許多。我是他們的歐比王。

但我通常是個同行者，只是充分討論問題，既不教導也不指引，而是與他們在戰役中並肩搏鬥。

偶爾，我發現有比我成功許多的人找我尋求建議，表面上看，這似乎顯得很可笑，但其實這頗為務實，因為我所有的億萬富翁朋友都是白手起家，他們珍惜我的客觀建議，正如我對這種軍師角色的喜愛。

如何與天使溝通

每月發送月報給我們。或者一個月兩次。管他的，如果你的內容夠簡單，就每週來個簡短更新——我們想幫忙，但如果無法了解最新情況，我們也幫不上忙。

如果你躲過了大開殺戒的海鷗到達海面，又避過了鯊魚，成了一隻睿智的老烏龜，要記住是我們幫你達成的——就算所有辛苦工作都是你做的。

珍惜我們並幫我們獲得巨大的回報，這樣我們才能繼續投資下一波創辦人。當我們擊出全壘打，要感謝你的辛勤努力，而我們在你公司的股份價值成了原本投資的五十、五百，或五千倍，這時別忌妒我們的飛來橫財，而必須加以讚揚，因為那反映的是我們對你的能力有信心，更勝於對我們自身能力的信心。

我們相信當你有了我們的資金，成就將比我們更大。想想這一點，並在你開啟下一個重大計畫時打電話給我們。在下一個資本結構表為我們保留寶貴的一席，這樣我們就可以再次對你和你超凡的創業能力下賭注。

我們對你、以及你在短時間創造龐大價值的能力讚嘆不已。

如果你把我們的錢浪費在花俏的辦公室空間，或參加沒有意義的研討會，結果卻把事情搞砸了，就會失去我們的手機號碼。

如果你不能撥空告訴我們投資的進展（尤其當情況不順利），或如果你讓其他投資人踐踏我們的權利，就會失去我們的電話號碼。

人生苦短。忠誠的重點在於意圖。所以如果你對你的天使不忠誠，你就是個可恥的白癡或是超級自戀狂。無論是哪一種，滾蛋吧你。

忠誠

生命或許短暫，但是人類的記憶長遠── 即使你以為別人很健忘。我有很多次經驗是有人把我惹火，之後對方完全忘記或者根本沒發現，等到納悶我為什麼不跟他們做生意了，他們才猛然想起。

反過來說，我曾經得罪人，也曾在成功時有過一、二次誤打誤撞與人衝突，有時候還忘了是惹到誰。

如果你還沒有從這本書的語氣中了解，那我告訴你，我瘋狂相信坦率直言。人生苦短，時間寶貴，所以我喜歡直接切入重點。所以當有人企圖坑我，我會立刻盡可能坦然對他們解釋我的立場。

我在這裡說個例子，創辦人和投資人都應該聽聽。這個故事我稱為「傑森・卡拉卡尼斯不吃鱉」。

傑森・卡拉卡尼斯不吃鱉

不久前，我有個創投業者朋友，說要給我的一檔天使投資進行我夢寐以求的A輪融資。我接下來會模糊一些事實，因為大家都知道有誰參與，而這一切拜開誠布公的溝通之賜，早都全解決了。

那家新創公司的創辦人尚恩打電話給我，報告好消息：「傑森，我們取得投資人維克的投資條件書，給我們的A輪注資400萬美元！」(創辦人尚恩、投資人維克與400萬美元皆非真實數字與姓名。)

「太好了，投資人維克棒透了。我們彼此認識多年，而且他在我所有的研討會上開講，我們是好朋友。」我回答。

創辦人尚恩在尷尬的沉默之後說：「呃……我們有個問題需要先討論一下。」

他解釋說，我的投資人朋友維克只有在我失去一連串合法權利的狀況下，才願意進行這次交易，而那些權利都透過一個稱為「附函」(side letter)的東西，附加在我所有交易上。附函是公司與投資人之間，在標準交易條款之外的協議。

對我來說，一個著名的天使帶來很多價值和共同投資人聯合團，他的這些權利會比其他多數天使的更強大，包括我若是種子輪的主要投資人就會有一席董事的選擇權，或代表公司5%以上的股份，以及能按比例取得股份與資訊權。

按比例取得股份的權利可讓我在未來幾輪藉由持續買進股份，維持在一家公司的所有權百分比。資訊權的意義可籠統也可具體，但我的定義非常明確，包括所有重要衡量指標、董事會文件，以及銀行與財務報表。

我之所以要求這些額外權利，是因為我若投資一家新創公司，我的許多朋友也會投資，而我希望在公司萬一陷入麻煩時能夠幫上大忙。這些權利未必會讓我有辦法控制公司——根本不能——但是能讓我有更多資訊和更大的影響力。

回到故事。創辦人尚恩問我：「維克想要取消附函。這點你同意嗎？」

「不行，但有件事很有趣，投資人維克竟想坑我這個你最早的支持者。如果他在這次交易的第一天就想讓我吃虧，我很好奇他未來會怎樣對你？」我回答。

當我和投資人維克通上電話，他跟我說他有多激動，然後解釋我根本不該有那些權利。他認為我不該得到那些權利，而且他將是最後決定我能否有那些權利的人。他一切言論的基礎都是「在我進入這一行時，其他投資人讓我吃了很多鱉，所以這是遊戲的一部分」。

我想了一下該怎樣處理這個狀況比較好，然後平靜地解釋：「傑森·卡拉卡尼斯不吃鱉。」當然，用第三人稱說自己很討厭，但是就像我解釋過的，我堅持簡潔溝通。

投資人維克再次嘗試對我解釋為什麼我應該吃鱉，而我打斷他，並說：「讓我來解釋，為什麼你不會想踐踏我的權利。我是這個團隊的控球後衛。我一年投資三、四十家新創公司，當中最優秀的會進到你的辦公桌上，而你現在選擇給其中一家投資400萬美元——那一家是我三年前投資的公司。」

我接著又非常冷靜地說：「如果你企圖在這次交易踐踏我的權利，我將來就不會把球傳給你——但我會把球傳給你的競爭對手，而且不只如此，我還會親自將目前這項交易帶去給甲、乙、丙創投公司，並告訴創辦人尚恩他們投資了多少獨角獸，而你又投資了多少。我們就看看我在甲、乙、丙創投公司的朋友是不是覺得我有吃鱉的必要。」

他要求一天的時間考慮。

他後來說，我們應該維持我的附函協議不變。

我們從此合作無間。

這個故事的教訓有三：

第一，身為天使，你必須留下文件並據理力爭自己的權利。坦率地跟人解釋他們為什麼應該尊重你的權利，並把不尊重你可能會帶來的後果說清楚。大部分情況下，對方會為了「剝削你權利」這件事道歉，且宣稱不是故意的。即使那可能是有意為之，你還是會原諒他們，因為所有人都盡釋前嫌而關係會更緊密地繼續向前。

第二，身為公司的創辦人，在有新的投資人或收購者要你坑殺早前的投資人，你應該高度警戒。如果有人要欺壓幫你達到今日成就的早期支持者，你認為未來你們的關係若起了波瀾，他們會怎樣做？一模一樣。

第三，身為共同投資人或後階段投資者，最重要的是隨時保持團隊精神。建立新創公司極其艱辛，而投資人之間的內訌是難以接受的行為，浪費了我們應該給予創辦人的寶貴時間與關注。

我有幾十個類似的故事，而我敢說我在問題上堅決不讓步也成了很多人的故事。無論如何，我都認為誠實溝通、深入合作且嚴肅看待工作才能成功。

那是我所關注的。

也是你應該關注的。

第 27 章

關鍵在於月報

生命跡象

我有個非常簡單的新創公司準則，乾脆叫做傑森的新創公司法則：

「如果一家新創公司沒有寄給你投資人月報，那就是快要倒閉了。」

創辦人讓投資人隨時掌握最新狀況是關鍵，但是就像我們討論過的，早期階段的新創公司有如一團亂麻，資源稀少而且競爭激烈，所以創辦人發現不如埋頭苦幹，比針鋒相對或討論問題更容易。

逃避尖銳的對話是人性，而在新創公司領域，每一次討論（甚至成功的新創公司也是如此）難免會導向下一次更大的問題，那是你已經發現卻不知道該怎樣解決的問題。

新手執行長很快就會染上無盡的小小憂懼，讓他們逃避不願去見自己曾花費數月或數年窮追不捨的投資人。

我常常告訴別人，我從當初沒有投資的新創公司得到的最新消息，比從我有投資的公司還多！

沒消沒息，不是好消息

創辦人與天使溝通的死亡螺旋[1]，出現在創辦人不到用光資金就不透露自己有任何問題。我有一次打電話給我投資的一家新創公司，問他們：「情況怎麼樣？我好幾個月沒有你們的消息了。」

其中一位創辦人說：「好極了，除了一件事，我的共同創辦人辭職了。」

「這是什麼時候的事？」我不解地問，因為我投資還不到一年的時間。

「六個月前。」創辦人回答。

「好吧，事情都發生了。公司在那之後怎麼樣？」

「好極了，只不過我們沒錢了。」

1 死亡螺旋（death spiral）表示不利並趨於滅亡的狀態。

「這到底是什麼時候的事？」我困惑地問道，也愈來愈洩氣。

「四個月前，我們在那個時候關閉公司了。」他回答。

我對創辦人大為光火，但是對自己更生氣。我怎麼會讓這種事發生？我為什麼不再多查看他們的狀況？

從那時候起，我就進行了一場擴及整個產業的運動，要創辦人寄送月報。主要是因為我想看，但也是因為報告公司狀況這個簡單的動作，能給創辦人建立一種紀律，並持續和投資人對話。

月報愈是簡潔專業，天使能幫上忙的機率就愈大，包括投資更多資金，以及認為你是負責任的創辦人，和你共事是賞心樂事，而將你介紹給朋友。

天使希望有被需要的感覺，不能讓天使感覺被需要的創辦人，就失去了他們最可能的後續注資來源——現有的投資人。

在你投資一家公司之前，只要簡單的討論就能避免這一些大戲，而在你投資之後，也能在後續會面中策略性地重複進行。我喜歡用的語言大概是像這樣：

「我希望你給的月報，包含了公司的關鍵衡量指標，以及你認為在上一封電子郵件之後有哪些成功與失敗。我也希望你在電子郵件中對我和其他投資人提出要求。每一封電子郵件都應該列出你還剩下多少現金，資金消耗率，以及什麼時候會耗光現金，這樣我們才能計畫未來的增資。」

負面教材

最讓我挫折失望的投資，是早期發生在影片製作市集的一次。我們就稱他們為MovieGigs。我說這個故事不會有任何問題，因為我認為把我當天使一樣緊追不放的創辦人們，也和其他許多投資人起過衝突，而他們不寄送月報更新的理由，愚蠢到讓我覺得說出這個故事，是給讀者和他們幫了大忙。

這家公司解決了一個我親身遭遇過的問題，讓我感覺似乎大有可為。他們去了一家頂尖的孵化器。經營MovieGigs的創辦人看出，影片市場雖然蓬勃興盛，製作影片卻依然複雜，需要擁有不同技能組的許多人——從攝影、導演、錄音工程師到剪輯人員。

不管是婚禮錄影還是給你的飯店網站製作歡迎影片，他們創造出一個讓你張貼工作的市集，並迅速獲得各個不同供應者的投標出價。有點類似Kayak在旅遊業做的事。

我投資這家公司，並將交易建議引入到我的天使聯合團之後，麻煩就來了。創辦人覺得他們不必提供更新資訊給投資的聯合團成員。他們找孵化器的校友請教，被警告說資訊可能會被洩露給媒體。我向他們保證不會有這種問題，但他們告訴我，他們沒有法律責任讓那些投資人掌握最新消息。不過，他們會每季告訴我公司狀況。我要求每個月報告。他們堅持每季。

更新內容極少，而公司從第一天就辛苦掙扎。我漸漸明白，創辦人不但無法寄送最新資訊，可能也無法經營一家新創公司。

雖然我懇請他們定期寄送更多資訊，但聯合團的成員愈來愈灰心失望。

這讓我陷入怪異的處境，我必須對聯合團成員解釋（都是成年人，也是合格投資者，知道自己在做什麼），為什麼創辦人拿了他們的錢，卻不告知他們注資的公司有什麼新消息。

即使現在寫到這裡，我依然怒火中燒。如果你願意兌現人家的投資支票，那麼你們就是事業夥伴，也應該有基本的禮貌，給你的夥伴提供最新消息。

我曾有一次跟他們說：「如果你們的資訊洩露了，卻讓你得到一篇TechCrunch或《華爾街日報》的報導，你對這樣的結果會高興還是生氣？」

「你會幫我們做這種事嗎？那就太棒了！」他們回答道。

我茫然地搖頭。創辦人明白，他們的資訊洩露給媒體對他們的公司大好，但他們不願意承受把資訊給現有投資人的外洩風險。

雪上加霜的是，其中一位創辦人告訴他們的孵化器，說我為了沒有寄送更新資訊的事，而將「滿腔怒火發洩到他頭上」。客觀而論，那個形容非常精確，卻造成我和孵化器之間的困擾。

年復一年，那家公司艱難掙扎。在我回想自己與他們的遭遇時，我確定自己投資這些創辦人是犯了錯。如果他們無法處理寄送月報給投資人這種簡單的工作，又怎麼可能引導公司走向退場？協調出方法退場遠比寫更新資訊困難得多。

我在寫這一章時，對這種沒完沒了的戲劇性事件大為惱火，於是花了一點時間寄了一封電子郵件給那些創辦人和我們的聯合團。信件內容如下：

〔機密〕

節錄，

你們接受我們的投資已將近三年，現在你們只剩下短短幾個月挽救公司。你們認為能否最起碼至少給我們一點禮遇，告訴我們一點跟公司有關的重要資訊（你所想到的某月營收、資金消耗、支出）、告訴我們你如何花用我們的資金，以及我們該如何與你們合作挽救公司？

坦白說，你們是我一百五十多筆投資中最不合作的創辦人，而令我震驚的是，眼看著公司瀕臨失敗的險境，你們依然拒絕告訴聯合團現況。我們說不定真的能幫上忙，那是天使要做的事！我對你們二人真的很失望。失敗是新創公司的一部分，但不和投資人溝通是不可饒恕的。在公司的最後這幾個月，你們有沒有可能改變策略，坦率面對我們？

傑森

附言——致聯合團成員，我們與MovieGigs合作過之後，我在jasonsyndicate.com要求，我未來所有的投資都要保證提供月報更新，並對要求繼續注資的已投資公司提出相同要求。

〔**機密**〕

我寄出這封電子郵件的一個月後，當著聯合團投資人的面打電話給他們，他們承諾開始每週寄發最新資訊給我——有關MovieGigs及其微薄資產的跳樓大拍賣！

回覆月報

我有一張Google表單，將每一家新創公司放在A欄，最近一個月放在B欄，前一個月放在C欄，以此類推。當創辦人送來月報，就在相應的格子填上數字「１」，如果沒有送來，就填上「０」。

我們把「0」的格子標成紅色，「1」的格子是綠色，並加總每個月從所有新創公司收到的更新月報數量，以及一直以來新創公司的月報數量。

一家新創公司若是地位較穩固了，錯過一個月或每隔一個月、每一季才做更新倒也無妨，但是完全悄然無聲就絕對無法接受。如果我們兩個月沒有收到更新資訊，會用電子郵件問他們：「我們錯過了你們的月報嗎？」這句話釋出的意思是我們可能沒收到，以電子郵件的垃圾信過濾以及天使可能收到的大量信件流來說，這是絕對有可能的，但我們知道創辦人大部分時候都處於焦慮狀態，所以要求時盡量委婉溫和。

你身為天使並不想給創辦人施加不必要的壓力，也不想浪費他們的時間、要求他們提交TPS報告（testing procedure specification，測試程序明細），但你會希望他們知道有你可以幫忙，而且你嚴肅看待自己在他們公司的投資。

等你拿到新的報告，明智的做法是徹底看完，然後寄送一份簡短的後續追蹤，正面肯定做得好的地方（「能爭取到那位銷售主管，幹得好」），並能理解失敗的地方（「很遺憾你們失去了科技長。你們有沒有能讓我分享到領英的工作內容描述？」）。

依照你的相關經驗，一定有地方讓你幫忙。我喜歡把用問題的形式表達這些，而不是命令。比方說，看看這兩種說法：

「你必須做臉書廣告。」

以及

「你有考慮做臉書廣告嗎？」

如果每個投資人寄的都是第一種說法，創辦人會覺得自己像個小孩，不停被父母教訓怎樣吃東西。「用叉子，不要用手指。餐巾放在大腿上。吃花椰菜。坐端正。把牛奶喝完！」

與其相反的父母會給孩子合理數量的食物，和大量的照顧與關心。

哪一種是更有效的方法，能讓你得到想要的結果？

顯然是後者。

也比較不費事。

第 28 章

天使投資人的災難性第二年

連續性虧損

如果你按照我在本書大致描繪的基本系統，也就是先做十筆1,000美元的聯合團注資，再用二十個月投入二十筆2.5萬美元的投資，那就是在將近兩年的時間（或八個季）部署了51萬美元。我在本書以季度為單位，因為那是我們這一行的行事節奏，不只用在公司上市，也用在私下調查考核。

第二年開始發生有趣的事，大約在你開始投資的第五、第六個季度。你第一個季度所投資的十二家公司，又開始需要籌募資金了。

別忘了，新創公司籌募資金時，他們的目標是定在有十二到十八個月的周轉現金，也就是他們籌募的金額能平衡每月平均的消耗。因此，如果一家有五個團隊成員的新創公司，一個月支出3萬美元卻沒有營收，十個月後他們就會燒光籌募的30萬美元——事情發生得非常、非常快。要是這家新創公司籌募50萬美元，如果仍無任何營收，也只能延續十六個月多。

如果例子中的這家新創公司一個月只賺1萬美元，他們的周轉現金也將大幅增加，那正是為什麼營收是如此美好的一件事，僅次於損益平衡而名列第三——損益平衡又次於獲利。

雖然大部分新創公司企圖籌募到十八個月的周轉現金，但實際籌措到的往往不到一年，所以你許多早先投資的創辦人，會在你投資的九到十五個月後，不好意思地邀你喝咖啡。

早期階段的新創公司募資歷程通常是二到四個月，所以不但有第一季的投資在聯絡你，第二與第三季的投資中，一些比較有準備、或沒那麼節儉的新創公司也會傳簡訊問你：「你有空嗎？」

還記得我們說早期階段新創公司的死亡率是70%、80%，或90%？猜猜看會怎樣？你將看到那些不久前孵化的龜寶寶，晃頭晃腦地爬向壯麗的海浪，其中一些卻遭到兇狠海鷗的殘暴攻擊。

看著最適者在最嚴酷、有時是最令人驚恐害怕的情況下生存，實在不忍卒睹，但這是你自己選擇加入的。你會看到創辦人哭泣崩潰，甚至乞求你掏錢，而他們的團隊失去信心，有人辭職加入更有希望的新創公司，或者很殘酷地接受了Google或臉書的豐厚機會，而那是你遠遠不及的。

加倍下注

當強大公司的創辦人籌募另一輪資金，他們只會讓你知道他們找到了新的投資人。但願對方是個創投業者，也想跟你一樣加入董事會，然後會告訴你新的條件，問你是否願意按比例取得股份。

你會有個期限，在那之前必須回答是否要繼續投資，還是被投入公司的新資金給稀釋。這種事不常見，但如果發生，你應該盡可能多花時間了解新投資人看中了這家新創公司的哪一點。

如果新投資人願意付出更高的價格，可能代表你挑選了一個贏家，你或許會考慮再投入10萬美元。如果這是個2.5萬美元的賭注，你就是四倍下注，如果你是以聯合團的形式投入1,000美元的，那麼你這是，嗯，是百倍下注。

通往虛無的橋

你會忍不住繼續資助你那些搖搖欲墜的新創公司，給他們「過橋融資」，直到他們找到下一組投資人，但你在為他們的傷勢分類時，必須設定一些基本規則，因為你沒有充足的血袋能滿足他們的需求，我的意思是指資本。

第三年和第四年，是創辦人向你證明「當初投資他們是正確決定」的時刻，但在第一年和第二年，卻有許多跡象證明你根本一竅不通。

差勁的創辦人很快就會在第二年敗露，因為他們再也不能拿構想、團隊，以及剛開始發展的產品兜售希望——他們要賣的是績效。如果他們有績效，應該拿得到資金。如果沒有，這些人可能會消失。這也是為何天使投資如此困難。

你必須告別你曾經深愛、卻又永遠消失於瞬間的公司。

壞消息來得又急又洶湧，而好消息即使不等上十年，也要花費數年才會來報到。

如果新創公司是銷售產品或是建立市集，你有個非常簡單的衡量標準能研究，決定是否應該再次投資：營收。如果新創公司開始在第六個月賺錢，你可以預測接下來六個月的營收，同時跟他們的顧客聊聊。你應該看看他們的淨推薦值（NPS）（見第31章），以此判斷是否給公司做過橋融資，並做出合理決定。

過橋融資不是死刑。許多公司會有過一次，然後繼續發展出巨大成就，但這也不是太好的徵兆，因為你沒事不會用新資金來證實公司的優點。

當你決定提供過橋融資，就必須和創辦人開誠布公地討論，通常是要他們提出來這次過橋融資要完成的目標，以及新一批資本進來之後，新創公司應該是什麼模樣。

許多創辦人走上我所謂的「功能死亡行軍」(feature death march)，認為要是再給產品增添二、三個功能，就能脫穎而出。這種狀況有時會發生。但大部分不會。

有些創辦人則是走上「尋找救世主」(savior search)，認為若能給團隊增添一名超級巨星，一切將迎刃而解。通常他們認為只需要一個銷售業務高級主管或營運成長駭客(growth hacker)。這種狀況有時會發生。但大部分不會。

其他創辦人則是走上了「合夥人大閱兵」(partner parade)，認為只要找到這個關鍵的合作夥伴，就能脫穎而出。這種狀況有時會發生。但大部分不會。

你從這裡看出一個模式。創辦人相信一個神奇事件就能挽救新創公司，不管是增加功能、團隊成員還是顧客。遇到有人提出這個策略時，你必須問自己兩個問題。第一，這個事件是否真能改變他們的發展軌道？第二，有了額外資源，是否就能落實那個事件？

以功能來說，你可以看看他們是否測試或開始建立這項功能。你可以問問他們需要多久的時間開展、測試與更新換代。如果創辦人說兩個月，那就乘以三倍，並拿這個數字和過橋的長度相比。如果你認為這是殺手級功能，將改變產品的命運，這完全有可能，而過橋融資能給他們換來九個月的時間，那麼進行過橋融資或許是有意義的。

救世主理論也可以進行同樣的測試練習。創辦人已經挑選出新的銷售主管，且對方也接受這個工作機會了嗎？如果是，太好了，去見見新的銷售救世主，並問他們需要多少時間可開始敲響收銀機——同樣將估計時間乘以三倍。如果他們說從下個月開始進行，只需兩個月就能增加，你可以預期要花上七個月才會有營收進來。

如果創辦人尚未跟那位銷售救世主談妥，那他們還是得聘用一個人來，那麼最了不起也得要三個月，但更有可能要六個月。將找到人的這六個月加上敲響收銀機的六個月，就知道你需要十五個月的過橋融資！

我想你抓到重點了。過橋融資往往只是「過橋通往烏有之地」。

也有一些例外情況。我們假設一家公司一個月有1.5萬美元的經常性收入，而這是他們前一個月（7,500美元）的兩倍，而且幾乎是兩個月前（4,000美元）的四倍，而該公司一個月支出5萬美元。好啦，他們的資金消耗短短三個月已經從4.6萬美元降到4.25萬美元、再到3.5萬美元。如果他們的營收再次翻倍，那就是一個月僅消耗2萬美元的資金，那麼25萬美元的過橋融資就能讓你達到獲利，或者最起碼達到一個月營收3萬至4萬美元——足以誘發新的投資人繼續押注。

以消費產品來說，你正在創造營收之前的階段，並期望在達到臨界質量（critical mass）時能賺到錢，就像推特、Instagram、臉書以及Snapchat，那你只要看看成長率就能明白。如果你的產品是免費的，而且一個月消耗資金5萬美元卻沒有成長，一定是哪裡有問題，你可能押錯了團隊。

轉型還是堅持？

我相當肯定世上所有人都明白，轉型（pivot）這個名詞在企業或策略背景下代表什麼意思，但為了簡單起見，我就把它定義為「根據情勢的變化，或者鑑於有新的資訊而改變策略」。

有許多例子是優秀的創辦人獲得了某個重要想法，將一個瀕臨失敗的公司轉變成有重要意義的公司。舉例來說，推特是伊凡・威廉斯對自己的播客事業Odeo灰心失望之後創立的計畫。

聊天平台Slack是史都華・巴特菲德（Stewart Butterfield）根據他的電玩新創公司Glitch失敗經驗做的轉

型。傳言說Glitch花掉了絕大多數的投資資金之後，才轉型成Slack。

Slack爆紅並不令人意外，因為那是史都華生涯中的第二次重大轉型。在他經營的另一家電玩新創公司Game Neverending失敗時，他將之轉型為Flickr，後來在2005年被雅虎以超過2,000萬美元買下。

很難說這些例子裡原先的公司「失敗」，因為它們最終都帶給創辦人更大的成就。

第二年令人討厭，但是天使投資的後面幾年——具體而論是第三年到第七年——往往充滿了好消息，有時候更是天大的好消息。

第 29 章

昂首挺胸

漏斗盡頭的光

天使投資若沒有深刻的覺悟和理解，可能對心理有毀滅性的作用。我認識不少人做了五、六次投資，還有人覺得整個過程糟糕透頂，根本無法閉口不談。

就像滑板滑雪、撲克、風箏衝浪，以及愛，有一段上升期讓你了解經歷痛苦後會有什麼長期回報。你人生中最美好的愛情故事——我說這句話的處境危險——大概有高低起伏，但是堅持下去的人通常獲得的報償最多。

學習風箏衝浪或滑板衝浪的頭兩天老是會撞到屁股，讓你整晚全身疼痛。你可能醒來時覺得自己像是被車撞，於是索性放棄，卻不知你終於就要奇蹟似地站起來、全身充盈著神奇之力，彷彿與板子合為一體，欣然體驗人類本不該有的極致速度與自由。

我將經營新創公司或對新創公司進行天使投資，比擬為被丟進只有一個電燈開關、伸手不見五指的大體育館。你在黑暗中摸索，不知道自己在做什麼，直到你發現一個小小的開關，輕輕一彈，一切都一目了然。

尋找開關可能花上五次、十次，或十五次投資，不過一旦擊中，你會感覺自己像個天才，投資成果欠佳所帶來的恐懼、挫折與焦慮將消散——特別是在第二年（見第28章）——而你將會建立一定程度的冷靜，能眼睜睜看著2.5萬、5萬，以及10萬美元的一疊現鈔，在完全可以避免的穀倉大火中焚燒殆盡。

你會笑看磚頭般的現鈔燃燒，知道你將得到更多鈔票磚頭，而且會愈疊愈高——假如你不放棄並繼續學習。

就像我們討論過的，我有99%的時間——有幾個星期甚至是100%——用在處理我投資組合中掙扎求存的幾十家新創公司。他們失去重要的團隊成員又耗光了資金，或者要應付像是Google、臉書這種口袋深的對手正在創造（或者揚言創造）的免費競爭性產品。

你選擇了這樣的人生，而且因為看了這本書，你深知機會有多少。機會對於眼光長遠的人有利，而這些人會給優勝者四倍下注。機會對於有充分自知之明的人有利，他們明白在過程中會先碰上虧損失敗，重大成功則來得晚。

恐慌會傳染

有個心理技巧可以用來讓你自己──還有你的創辦人──不會沉溺失望沮喪太久，這樣才能重整旗鼓繼續奮鬥。

抱怨達不到任何目的。常抱怨的人就是不會比不抱怨的人快樂。

當你發現自己陷入徹底灰心喪氣的處境，我建議你採用我從馬克．葛斯登（Mark Goulston）的書《先傾聽就能說服任何人》（*Just Listen*）學來的這個技巧，簡單說，葛斯登在書中建議你先說服自己從「噢，該死」的反應，到用「我的天啊」發洩，再到「噢，天哪」、「唉，算了」，最後是簡單的一個「好吧」。

問題出現時（見第30章有關Little Bird的討論）或者人家坑你時（見第9章）似乎很可怕，但如果你依然心裡明白，自己經歷的是悲傷或挫折的正常階段，就可以加快度過這些階段。

如今問題出現時，我通常很快速就從一開始的「噢，該死！」反應轉變為「唉，算了」，然後再到「好吧，我們就專注在有用的事情上」。

失敗很討厭，但是你在自己的失敗上耗費愈多時間和精力，就會愈覺得自己是失敗者。你反倒應該給優勝者四倍下注，在他們身上花更多時間。

經過了多年的紅色警戒狀態，當創辦人漸漸露出頹勢，我會像個調解者一樣出現，直接問說：「情況怎麼樣？」創辦人通常會滔滔不絕講個十分鐘，這時我會再次提出同樣問題，只是換不同說法：「還有我應該知道的事嗎？」

我會像隻老鷹緊盯創辦人。等他們到了第二回合不得不說出實情，這時我會溫和地給他們一些保證，直視他們並重新再回顧一次，例如：「唔……所以我們失去了科技長，而且我們只剩下十週的周轉現金。」

我們定下底線。我們現在掌握實際狀況。驚慌失措無濟於事，就算用無線電叫機師把控制權交給你也一樣——因為你人根本不在飛機上。我喜歡在創辦人解釋問題之後了解他們的世界觀，然後加以確認，問：「你打算怎麼做？」接著又問：「我能幫什麼忙？」

這看似工作繁重，但事實正如我們先前討論過，當一個創辦人（說明白就是執行長）是全世界最糟糕的工作。團隊中的聰明人都無法解決的所有大問題全部交給你。你要面對來自四面八方的明槍暗箭，還沒有一個人能跟你一起討論。

執行長如果告訴投資人說現況簡直是大災難，那對方可能不會繼續投資這家公司；如果執行長告訴員工這是一場災難，員工要不是辭職，就是害怕到不知所措。

想想看。這些員工決定辭去原先的工作追隨這位創辦人，是因為他們為創辦人的熱情所傾倒。所以他們會被創辦人的恐慌而擊倒也是合情合理。執行長的職責就是安撫眾人情緒上的雲霄飛車。千萬別讓你的團隊感受你體驗到的跌宕起伏，因為他們有可能天生不像你能應付這種跌宕起伏。

在我看來，身為天使投資人，你的頭號職責就是在執行長辛苦掙扎時出現，務必讓他們感覺有人傾聽，讓他們知道你在他們身邊。當然，你可以告訴他們地雷在哪裡，並給他們指出正確的方向，但你不能接手想當機師。

如果你對創辦人和自己都始終積極正面且坦率直言，成功的機會就更大，而且即使面對失敗，你也能夠保持積極正面。

其實，我一次又一次地請我所有失敗的創辦人回到我的孵化器，說說他們的失敗故事以及學到的教訓。分享故事能減輕他們的創辦人創傷後壓力症候群，也能為我後續的各組創辦人做好迎接未來旅程的準備，並讓我專注在唯一重要的事：努力工作。

人生有些事情是你能掌握的，也有些事情是你無法控制的，還有些事情是你只能掌握一部分。最好將力氣用在你能完全掌握的事，例如知識和敬業精神。

如果你不斷學習並努力工作（在你掌控之中的兩件事）

好事就會發生。這對創辦人和投資人都一樣，而這也是為什麼我的實境節目口頭禪正是「努力工作」。

別代替你投資的公司發言

很重要的一點是你要了解，你是一家新創公司的天使投資人，不是他們的公關經理。你是一家新創公司的投資人，這大概能說會公諸於世，除非你採取具體措施隱藏自己的行為。

科技業領域有一大群記者在負責報導，還有數十個資料庫可供追蹤投資活動。

等到傳出消息說你是一家新創公司的投資人，媒體必然會打電話給你，請你評論。媒體不是你的朋友。許多時候他們是你的敵人。幾乎所有報導都有其用意，通常對你的公司並不是正面的。

你的發言往往會被錯誤引用，你的評論會被斷章取義。舉例來說，你可能先說了一家新創公司有七個地方令人驚嘆，才又說「但他們遭遇的競爭相當嚴峻」，到最後那篇報導的標題會變成「臉書投資人警告競爭對手來勢洶洶」。

你如果信口開河，就會有創辦人怨恨你。不僅如此，你同時也是對其他創辦人釋放出信號，表示你會出賣合作夥伴，換取自己在媒體曝光。

在媒體找上你時，你要立刻做兩件事。第一，將電子郵件轉寄給創辦人，並說「僅供參考，請讓我知道是否希望我回應」; 第二，千萬不要回覆記者，因為其實記者非常善於讓你做出回應。

即使你說「不予置評」也可能被記者扭曲成標題，如「三位臉書投資人拒絕評論祖克柏的第五起訴訟」。

在我寫這本書時，我最著名的投資（優步）被媒體窮追猛打，讓我處境有些尷尬。我是這家公司敢言又積極的支持者，但這一家每月數百萬乘車次數的公司，顯然不是每一件內部問題都會對我完整簡報。

你在這種情況下能做的，最多就是私下支持創辦人和他們的管理團隊，並幫忙解決他們的挑戰。千萬別扯上媒體，除非創辦人自己開口求你。

你如果有看到我公開評論自己投資的公司，你可以確定那是獲得他們支持的。

有些投資人會很快公開批評公司。我絕對不會這樣做。在我看來，如果你是股東，你的職責就是在幕後解決問題，而不是創造更多問題。

這不是在挖苦我那些喜歡代替創辦人說話的朋友。只是行事的風格不同，而我認為這樣比較有效。

資金管理

如果你管理資金得當，就能更輕鬆享受天使投資。正如我們在書中勾勒的，我認為拿資產淨值的5%或10%進行天使投資，是有價值的追求，如果你是有穩定收入來源的年輕人，甚至可以到20%。關鍵是要聰明布局。

如果你的身家有500萬或1,000萬美元，打算將100萬美元投入天使投資，那就是資產淨值的10%到20%。如果你全賠光了或拿回一半，那也沒關係。如果現金投資的現金回報（cash on cash）是五倍或十倍，你的資產淨值可能翻倍——同時學到很多。

不過，別忘了我們希望你的前十筆投資是1,000美元、聯合團等級的揮棒打擊，所以你可以在低賭金的賭桌學習，犯了錯不會帶來毀滅性結果。在那之後，我們在本書談到的是做二十筆2.5萬美元的賭注，並對優勝者四倍加碼，追加10萬美元的投資。按照這個模式，沒有一檔投資在你的天使投資組合中比重超過12.5%，而整個投資組合又只占你全部身家的10%到20%。也就是沒有一檔投資會超過你的資產淨值的1.25%到2.5%。

從事天使投資會遇到麻煩的人，原因在於手上名單太少，例如他做了四檔25萬美元的投資，然後押注的過程快速而倉促。這種時候不要急，因為一定會有人建立優秀的公司——特別是當市場正走向低迷。

當你按照我的建議管理資金，你就能眼睜睜看著1,000美元的投資虧損而不在意，看著2.5萬美元的投資虧損說：「噢，好吧，那只占我的資產淨值的0.25%或0.50%。」然後看著12.5萬美元的投資虧損說：「噢，該死，算了，好吧——是不太好沒錯，但我對這家公司追加四倍，因為他們的表現真的很好。這會是個聰明的賭注。」

有錢人天天跑去矽谷，給我們這些專業人士略過的公司開出25萬美元和50萬美元的支票，然後遭受重創。就像出現在撲克大賭局的有錢商人，砸了大筆錢，底牌還拿了一對A，結果卻被拿一對三的人痛宰，輸個精光。

你不需要每一把都贏。你不需要每一天都贏。你只需要長期下來贏就行。把天使投資想成是一場十年的追尋。

起頭容易收尾難

開設公司其實很容易，但是要結束——找到退場——卻十分困難。在我經營自己的公司期間，牆上「起頭容易收尾難」的標語掛了十年。

創辦人認為獲得資金是困難的部分。於是他們在資金匯進來後，開始拿投資人的錢部署。他們這時候會發現，比起讓投資人的資本獲得回報，籌募資金更為容易。

就像選總統。你以為艱困的部分是競選和打贏選戰，但等你開始做了，才發現總統的工作更難！

天使必須了解，這年頭誰都能開公司，隨著伺服器、軟體和頻寬低價化，開公司幾乎沒有成本。用少少幾個人設計出一個像樣的產品，同樣也很容易。嘿，有了能大規模鎖定目標顧客的廣告網路，如臉書、Google，就算要爭取到幾十個顧客也很容易。

你可以複製出推特翻版，並在兩個星期達到一千名用戶，還能用一半的時間建立聊天軟體Slack。現在要開啟這些計畫只是幾千美元和幾個星期的事，但要找到有價值的退場方式卻要花上數百萬美元和許多年。

從失敗中學習

如果你到矽谷，用兩年時間投資三十家新創公司，並把這個當成兼職或全職工作，時時反省成敗輸贏，花時間和其他投資人及創辦人相處，你將學到很多。如果你聰明，會在開始投資之前、且在投資十家新創公司之後讀這本書，也會在達到二十家時讀這本書，因為我在本書概述的課程理論，是從事這一行二十五年來一百多個投資案例中蒐集而來，既歷久彌新而變動不居。

在我開始投資時，每年創立的新創公司只有現在的十分之一，當初行得通的方法如今卻未必。當時聰明的做法是在優秀團隊的產品發布前投資，而現在幾乎都想等到創辦人完成產品並進入市場才投資。

再過個五年到十年，情況又會改變，而了解市場未來走向的唯一方法，就是不但要研究市場贏家，還要研究市場的失敗案例——並給自己的預測和行為做事後檢討。

你不必對輸家耿耿於懷，但我肯定會深入研究他們，並尋找模式。這樣做能修正我在投資策略上的一些漏洞。我早期最大的漏洞，就是常常以為如果我自己或我那些合格的朋友都能夠執行計畫，那麼我的投資也能做到。我以為所有創辦人都是頑強且堅持不懈的，但我從挫折中恍然大悟，經歷過五、六家半途而廢、只讓投資人拿回5%到50%本金的新創公司之後——我發現並不是所有人都是頑強執拗的。

人生有時要經一事才能長一智。

那就是天使投資。

第 30 章

退場：優秀的公司是被買，而不是被賣

如何獲得報償

天使投資新創公司要賺錢有三種方式。而三種全都涉及你將先前買進的股份賣給另一方，可能是自願也可能是非自願。

出售股份最好但最少見的方式，大概是你的新創公司壯大到能進行首次公開發行。在首次公開發行時，你原本無法流通、存取在公司試算表上的股份，神奇地轉移到你的億創理財（E-Trade）、嘉信理財（Charles Schwab）、或者——最理想的Wealthfront帳號（見第9章，我是該公司的顧問）。

這些股份通常會在你擁有的前六個月鎖住，但是在那段

「閉鎖期」之後，你可以隨意處置，不需要經過公司、其他投資人或創辦人的許可。你可以持有或賣出，這時幾乎跟現金一樣。

在首次公開發行後你應該脫手還是持有？這個嘛，就像所有理財決策，取決於你的人生階段、風險承受度，以及該公司的實力與潛力。

如果你是Google或臉書的投資人，你的資產淨值可能99%以上都綁在單一個股，那是嚇死人的恐怖處境。我有一個朋友在臉書以每股38美元首次公開發行之後股價重挫時，以將近20美元的價格賣掉所有持股，卻看著股價在接下來幾年翻了五倍。這時候，那是價值幾億美元和幾十億美元的差別。假如有這種股票的話，這會是個很高層次的問題。

而其他的例子，例如推特，我有個朋友在2014年的每股69美元高點賣出持股，其他人則是一路等到2016年的一股15美元。僅僅相差二十四個月。

假如你持有臉書或推特的股票，90%以上的資金都在這兩家公司，你應該遵循一個明顯健全的投資前提：分散多元。如果你看好科技類——你讀過這本書或是出生在1960年以後，大概都會是如此——那你應該從推特股票中抽出1億美元，投入你喜歡的前五大科技股，包括臉書、亞馬遜、網飛、以及Google（我們通常合稱為FANG）。你的狀況會好很多。

矽谷人人都知道FANG比推特厲害，所以用推特首次公開發行的價格、或是此後大漲期間的價格，將你80%的推特持股平均分配到這些巨頭，是非常聰明的做法。

不必是天才你也知道FANG是比推特更好的公司；只需要看營收和用戶成長率就能明白。

在本書寫作時，有許多Snapchat投資人多年來第一次即將看到他們的豐厚回報可流通變現。他們也應該回答這個問題：Snapchat是跟FANG一樣經營良好、快速成長，價格也一樣好的公司嗎？如果是我，我會快速分散，因為十年或二十年後，Snapchat的人大概會跑光——但FANG不會。

我認識很多紙上百萬富翁化為烏有，因為他們在能出售股票或分散化時，始終沒有行動。其實，說不定本書作者也會在未來因為一、二支個股，看到自己的資產淨值暴跌或暴增。

二級市場交易

基於2007至2010年期間推特與臉書的大幅成長，發生了一件令人開心的事：未上市公司股票的交易市場出現了。原因有二：首先，完美風暴[1]導致私營企業不想太快上市，

1 完美風暴（Perfect storm）用於形容因數個獨立因素結合而造成災難性後果的狀態。

其次，有意取得這些公司大量部位的私募股權和後期創投業者，匯集了大量的私有資金池。

雖然許多天使和創投業者抗拒讓創辦人早早套現，但他們很快就了解到，讓創辦人出脫價值500萬或1,000萬美元的股權，可讓這些囊中羞澀、初出茅廬的管理團隊卸除很大的壓力。

一個銀行裡有1萬美元、月領1萬美元的人，時時都處在中低程度的壓力下；但一個稅後有300萬或700萬美元的人，足以買個頂樓公寓，每年帶著家人來一趟奢華假期。他們再也不用擔心吃穿或度假的花費，還有充分的「白癡保險」讓他們感覺有競爭優勢。

如果真有創辦人賣掉2,000萬、5,000萬或1億美元的未上市股票，你就陷入非常危險的處境，因為他們可能開始買房子、買飛機、買遊艇，這會導致龐大的認知超載（cognitive overhead）。每月1萬美元突然變成了10萬美元，他們頓時回到原點，擔心自己如何負擔奢侈的生活方式。

天使投資人接觸這些交易容易得多，而我會不時找機會將持股部位做分散。如果你有押對的賭注正在快速增長，明知股價可能會漲卻要脫手，心裡會很掙扎。但在價格夠高的狀況下，將贏得的賭金挪走10%或20%或30%放回你的投資組合，通常能讓你睡得更安穩。

如果你在一家高成長的新創公司擁有1,000萬美元，將持股賣掉20%，股價卻在你脫手後增加了五倍，你等於在拿到的4,200萬美元（200萬的早期股份，以及你未賣出的800萬持股乘以五倍得來的4,000萬美元）上錯過良機，如果承受風險的話則會有5,000萬美元。

如果你當時拮据窘迫，那200萬美元大概可以讓你頓時輕鬆。如果投資的公司徹底引爆，例如Theranos，或者受到虧損80%的重挫，如Zynga在首次公開發行後的遭遇，那你會覺得鎖定獲利實在聰明，而不是化為烏有。

我玩撲克玩得最好的幾個晚上，並不是贏了5萬美元的那幾天。而是我輸了5萬美元之後，再回本賺了5,000美元離開賭桌。

併購

天使賺錢的第三個情況最為普遍，就是當投資的新創公司被收購。這是個雙面刃，因為一家公司要出售，通常是因為自己力有未逮。我們討論過YouTube太早賣給Google。雖然這案子讓紅杉資本賺了超過5億美元，回報超過所屬的整個基金，卻讓投資人苦樂參半。

如果YouTube原本就突出，公司無疑價值在750億美元以上，而我個人認為，根據市場給類別領先者的溢價，價值大概是1,500億美元。

而紅杉資本在YouTube上賺了5億美元，他們原本應該賺500億美元的。

併購（M&A）交易有三種：人才收購（acquihire，又稱開除大拍賣）、合宜收購（appropriate acquisition）以及溢價出售（premium sale）。「人才收購—acquihire」這個名詞是由「收購—acquisition」加上「雇用人才—hire」組成，如果一家大公司收購一家較小的公司，只是為了雇用整組團隊，也沒有完全迴避投資人，就叫做人才收購。當一家新創公司被人才收購，那股東所投資的一塊錢可能只能拿回幾分錢，這時穿著爛西裝的B、C級銀行業者，若能將公司賣出50萬到200萬美元，卻能拿到5萬美元的訂金和10萬美元的最低傭金。

這很醜陋也很討厭，或許除了收購者，沒有人是贏家；收購者獲得十幾位才華洋溢的新員工，但付出成本卻遠不及招募這些人才要付給獵人頭業者的費用，而且完全不用浪費時間磨合就能共事。更好的是，很有可能他們正在進行的產品會變得很有價值。

小鳥與禿鷹

不久前，有一家前景看好的新創公司Little Bird賤價出售，一位聘雇來的執行長將公司搞砸了，在他加入的那一年營收是100萬美元，隔年卻成了75萬美元。於是他請了一位銀行業者要把這家被他摧毀的公司賣掉。

當最後約40萬美元的銷售價格提報給我簽名時，我得知其中有將近40%會給那位銀行業者加上執行長的遣散費，而且執行長未經投資人同意，在交易之前就將幾個員工送到收購公司，在我聽來似乎可以訴諸法律，但就像我在第9章的說明，對自己投資的新創公司採取法律行動，通常是在浪費時間。

讓投資人拿回8%的本金，讓一家一年賺75萬美元的公司被人以遠低於一次營收的價格收購，實在很奇怪。

當然，你對這種情況也束手無策，因為你通常是在跟一群享用腐屍大餐的禿鷹搏鬥。我扣著沒有簽名，直到我從收購方公司獲取10萬美元的顧問股份，那緊密結合我與我的有限合夥人，以及我的聯合團。

那位失敗的執行長一直告訴我，我在拖延出售案。我一直告訴他，他把公司搞砸了，所以他離開時還收鉅額遣散費很可恥。招聘來的執行長幾乎從來沒有成事的，而在乎自己的遣散費甚至多過在乎公司是否成功達標——就像這一位——更是其中最惡劣的。

他說我如果跟收購方的執行長談話會破壞這筆交易，但我還是做了。結果那位收購方執行長從90年代起，就是我的播客節目及雜誌《矽巷報導者》的粉絲。他很樂意讓我進入他的顧問委員會。

於是，這個交易原本要強迫我接受8%的本金回收，最後大概還是能達到損益兩平，或者讓我的投資獲得兩倍以上的回報。對我來說這是極好的結果，因為所有回報都有價值——無論拿回的是10%、20%還是50%。如果這次交易讓我拿回雙倍資金，那就是我又有20萬美元可以分配到另外八家新創公司——那正是我堅持奮戰、永不放棄的原因。

我在最開始四年是輸錢的撲克玩家，因為我輸到一定金額就會離開。如今，我是淨流入現金的撲克玩家，因為我盡量只在贏得一大把之後才離開賭桌，我會不斷買進，直到贏了為止。

聰明搞定

其他併購狀況來得出人意料，而你被拖著往前走。我的朋友周思博（Joel Spolsky）是紐約市一個了不起的創辦人，在我的播客節目當來賓之後，邀請我投資他的專案管理軟體

Trello。我投入了10萬美元，而在兩年後，我收到一封電子郵件通知，一家上市公司買下了Trello，給我們的回報超過八倍。

好棒！好棒！傑森·卡拉卡尼斯好棒棒！

在這種情況下，你會收到一大堆要你簽署的文件，而你被絕大多數的股東「拖著走」。你沒有選擇，因為你們的協議載明了，如果多數人決定賣，公司就要賣。身為天使，你有時候幾乎沒有控制權，但你有許多揮棒機會。

你簽署文件並拿走回報，然後回到本壘開始再次揮棒。一壘安打和二壘安打不比全壘打，但常常能贏得比賽。有些天使始終不曾擊中一百倍的回報，但他們非常善於從交易中贏回五倍和十倍的資金，加總起來也一樣。

大家都想要你

「優秀的公司是被買，而不是被賣。」這句話在矽谷是歷久不衰的格言。你可能遇到最佳的狀況，就是一家成長中的公司手上有一大堆現金，還有大公司興致盎然地企圖收購。

唯一比這更好的情況，就是你的潛在收購者深具徹底的恐懼和偏執，於是其中一家先下手為強。

那正是Instagram和WhatsApp發生的事，兩家都被祖克柏收購了。我說被祖克柏收購是有原因的：他是個人進行這些交易，而且據說不需要獲得董事會的同意。臉書獨特的企業結構加上祖克柏的好口才，並積極搶食Google廣告市場份額，讓他成為，嗯，自Google之後業界最強收購者。

Instagram與推特有著深遠關係，而且感覺凱文·斯特羅姆（Kevin Systrom）會把公司賣給當時蒸蒸日上的社群網路，根本是理所當然。Instagram表現得非常好，2012年籌募到5,000萬美元，不到一星期就以10億美元賣給臉書。

Instagram的投資人迅速獲得龐大的回報，但是跟YouTube的投資人差不多，他們事後也好奇還有什麼其他可能。如果今天Instagram是個獨立公司，每月活躍用戶數和推特不相上下，價值輕輕鬆鬆就能超過100億美元。

Instagram賣得太早，這當然是個高層次的問題。我們不知道Instagram的股東是否在臉書的股票一再翻倍時保留股票，還是賣掉持股。我們也不知道Instagram當初如果繼續，是否能夠發展基礎設施、將受眾變現，或者產品更新換代，就跟現在被臉書併購一樣。

無論如何，Instagram是臉書更上一層樓的關鍵之一，而Google和推特對這次銷售案並不開心。

這近十年來，Google是併購大師，他們在搜尋引擎和Gmail以外的多數成就都是靠開支票來的。他們2005年買下行動作業系統Android，2006年買下YouTube、2007年買下

DoubleClick，2003年買下關鍵字點擊付費廣告平台Applied Semantics。

不過當一家公司十分壯大，而且創辦人數量是排名其後的競爭對手的十倍，好比Google與臉書，那可能就會有惰性。趁著Google忙於建造自動駕駛汽車和高速氣球網路，祖克柏抓住沉迷於Instagram和WhatsApp的幾億個獨立使用者，而他如今有全球將近20億每月用戶。

WhatsApp的收購是引人注目的盛事，花了190億美元。我不知道自己竟然是支持WhatsApp的其中一家基金的有限合夥人，而我因為參與那檔基金而獲得一張大支票。臉書以超過10%的市值買下WhatsApp，當時看似瘋狂，但如果被Google買走的話會怎樣？或者被蘋果買下？或者微軟買下？

WhatsApp是以電話聯絡簿建立的社群網路，其實是有能力讓臉書脫軌翻車唯一的可能，所以他們必須買下。用10%的股權冒險，總好過失去50%的股權。

經營者想買下你的新創公司，在創業來說是第二正面的信號。唯一比這更好的信號，就是付費顧客對朋友狂熱宣揚你的產品多麼棒。

當你接觸有意併購你新創公司的二十五家公司，卻沒有一家給你投資條件書，老實說，你就該明白你和你的事業爛透了——至少目前如此。

回去努力工作。你搞砸了！

第 31 章

找到你的節奏

你的策略是什麼？

「成功的新創公司有一百個天使，但失敗的新創公司是孤兒。」

諸如此類。

新創公司為什麼成功的理論有幾十種，從「完全在於時機」到「你是在投資創辦人」再到「市場造就新創公司」無所不有。

給一個複雜又不規則的系統建立條理分明的理論，對我們人類來說是絕對必要的，因為我們是倒數著死期的驚恐小蟲，坐落在一顆石塊上，圍繞著宇宙中幾兆個恆星之一運行，卻對這個未知的宇宙所知甚少。

我們給一切創造架構，從人生的意義（「一切都是虛無。」[1]）、意識（「我們生活在模擬之中」）、製作出色的電影（衝突、人物、表演或對話），以及當個出色的父母（塑造你希望在孩子身上看到的行為）── 也就難怪我們花那麼多力氣去了解，為什麼**那兩個**有想法的人能在車庫中改變世界，而**這兩個人**在幾個街區外一樣的車庫中，卻除了他們的領英檔案，什麼都沒改變。

我們創造的理論有許多都是人類在不知不覺中，遭遇認知偏誤而生，包括「確認偏誤」（confirmation bias），就是人抱持某種信念時就會尋找、並記住支持該信念（效率！）的事物，以及「負向偏誤」（negativity bias），指的是一團爛屎如果緊黏著我們，對我們未來的影響力會比好東西更大。

舉例來說，如果你投資一家網路照片分享服務而虧損，你大概很快就會因為對照片平台的「負向偏誤」而放棄獨角獸Instagram，卻始終不明白「為什麼非現在不可？」這個問題（見第18章），因為在行動電話上結合照片濾鏡與高解析照相機、加上強大的處理器，有可能將地球上的所有人變成專業攝影師。

Instagram大爆發，原因在於人人都能拍出復古風格且模糊景深的照片，卻不用花5,000美元買大相機、昂貴的鏡頭、

1 引用自電視劇《黑道家族》的莉薇亞・索波諾（Livia Soprano）。

快閃記憶卡還有讀卡機，當然你也可以在Photoshop耗費幾個小時——只要花你幾百美元！

那是奇蹟，我們現在卻不當一回事。

先沉澱一下，因為幾乎你要面對的每個投資決策，都會在不知不覺中觸發你的偏誤。

記住，我們的盲點比清晰視覺更多，所以你必須忘掉從前學過的，才能當個成功的天使。

有些天使賭的是創辦人

我總是告訴人家，我不需要了解你的產品是否會成功，我只需要知道你是否會成功。如果我在這場天使投資競賽中得天獨厚，那就是我善於解讀人，並看出成功對他們會有多大的意義。

這大概是源自我多年來企圖解讀全世界最優秀的撲克牌選手——然後常常失敗。

有些用在撲克牌上的技巧可套用在新創公司，包括「猜出別人手上的牌」。這在撲克牌的意思，就是在跟一個人玩牌玩了幾個小時後，你應該能夠從他們在牌桌上的舉動（下注、加碼、全部下注）以及與撲克牌無關的行為（手上擺弄籌碼、傾身向前或往後、話比平常多或少、喝水等），縮小對方手上兩張牌的可能範圍。

這在撲克牌遊戲中帶著一點技術、一點科學，因為非常擅長這項遊戲的人，其實深諳透露心思的蛛絲馬跡，而且會在他們藉此來「說實話」，像是在占優勢時釋出那些原本代表劣勢的細微跡象（例如：話說個不停、傾身靠在籌碼上方），卻在占弱勢時表現強勢動作。（身體後靠、沉默不語是典型強勢的蛛絲馬跡。舉例來說，想像一個德州來的人，戴著大帽子、咬著雪茄往後靠，臉上的表情像是在說「來啊，跟著下注啊，這樣我就能開我的牌，讓你心痛欲絕」。）

而在新創公司競賽中，我們通常不會說這種「實話」，但有很多花招小動作。

例如Theranos的創辦人伊莉莎白・霍姆斯（Elizabeth Holmes），就是像史帝夫・賈伯斯一樣穿著黑色高領毛衣，也像比爾・蓋茲及馬克・祖克柏一樣從大學輟學。她號稱能用針孔取得的微量血液樣本做出血液檢測，而不用從你的手臂抽取一管又一管的血。

有幾位精明的投資人因為霍姆斯不願意展示這項技術而果斷放棄。他們不相信她的行事作為。在他們要求觀看技術時，她宣稱那是商業機密，而這顯然（但或許是無意識地）企圖模仿史帝夫・賈伯斯。眾所周知，賈伯斯部署了各式各樣的祕密實驗室、滴水不漏的保密協定，以及安全防護程序，給下一個滑鼠或iMac營造一種嚴肅凝重的氛圍。

但是許多同樣聰明的投資人卻對霍姆斯的故事信以為真，他們現在正在做一件你不曾在矽谷看過的事：控告自己投資組合的公司。控告一家你投資的新創公司是極為罕見的，因為那種官司很難打贏。

想想看：所有以投資新創公司為生的人都有一長串的失敗經驗，茲以證明他們知道這一行的風險有多大。所有我們簽署的文件、所有我們在研討會中進行的面試，以及所有產業統計數據都顯示一個清楚的預期心理，你會在多數投資中賠錢，只有少數投資能有回報——也許只有一檔。

一個不曾經營公司的大學輟學生宣稱自己有祕密技術，是其他大型血液檢測公司數十年研究都無法一窺究竟的，只用一小滴血液就能診斷出疾病，要說專業投資人不知道投資這樣的人有什麼風險，法官或陪審團會相信嗎？

即使辛普森（OJ）案的陪審團，在豔陽下喝了幾個小時的龍舌蘭酒，也不會站在投資人這一邊——除非提出大量無法抵賴的詐騙先例給他們看。

所以，一個明理的投資人不得不控告自己投資的新創公司，唯一的動機就是他們是否覺得自己被蓄意詐騙。這也是為什麼盡職調查重要的原因（見第24章），特別是在有實際數據可以核實的後面階段。不過要記住的是，在Theranos這件事中，霍姆斯利用史帝夫・賈伯斯式的機密「暗示」，逃避對投資人展示技術。

而且很顯然，其中一些人信以為真，沒親眼看到技術就投資了。

一個投資人要如何避免支持如今被政府、前員工，以及投資人等群起圍剿的霍姆斯？

相當簡單：堅持盡早找個人親自看到技術，而且那個人必須是血液檢測領域並與Theranos簽屬保密協定。這是十分合理的要求。

如果Theranos拒絕，你很容易脫身，因為沒人希望打交道的創辦人沒有半點經歷，還不夠信任你，不讓你看看你投資的是什麼。那就像一個從來沒拍過電影的導演告訴投資製片：「不行，就算你挹注資金，我也不能給你看這部電影的劇本。」

什麼？！

而在Theranos產品釋出供一小部分疾病使用之後，甚至有個更簡單的方法可以查驗：隨便找一家提供Theranos檢測的商店，做了他們的檢測之後跟傳統血液檢測的結果做比較。

諷刺的是，曾在史帝夫・賈伯斯麾下的蘋果前高階主管讓—路易・加西（Jean-Louis Gassee）就有這樣做。

他的結果顯示Theranos的檢測沒有用，但霍姆斯對此始終沒有回應。

所以我們暫且回到撲克牌遊戲。我可以討論一大堆撲克的牌型例子，但其中最簡單的一種，就連不玩撲克牌的人也能理解，就是以下這個例子。

想像一下，你正與已經三小時都棄牌的人玩德州撲克。這個人會被視為「棘手」，因為他們只打最好的牌（例如兩張A、兩張K，或一張A加一張K）。而他們這次搶在你之前下注，而且加碼。等你再次加碼，他們很快就跟注。你會認為他們底牌是一張5加一張8，還是覺得他們的底牌是數字大的對子，例如一對A、K、Q、J或10？

他們等了又等，等了幾個小時真的就是為了玩一把爛牌？例如一張5加一張8？

如果第一輪下注完的翻牌，結果是A、6、7，他們依然再次下注，你現在會認為他們有什麼？難道他們等了幾小時又幾小時，只單純希望有5、6、7、8來組成順子（本來拿到了4或9）？當然不是。

牌局中的多數人都很容易解讀。他們玩的是所謂的ABC打法，也就是說，他們的行為都在預料之中。只有前20%才是挑戰。

伊莉莎白・霍姆斯就代表那前20%精明世故、且往往病態性瘋狂的新創公司創辦人，為了贏不擇手段，從扮演某種角色到乾脆對投資人說謊無所不能。

在本書出版時，Theranos正在繞著馬桶排水孔打轉（比喻到此為止，我想你們明白）。或許等你們讀到這裡，她在發展了十多年、在每當被要求展示技術就百般推託之後，神奇地拿出技術了——也可能鋃鐺入獄，成為科技版的馬多夫。

什麼都有可能，但我想大家都知道這個案子大概會怎樣。

無論如何，珍妮佛・勞倫斯（Jennifer Lawrence）已經確定要在《大賣空》（*The Big Short*）導演亞當・麥凱（Adam McKay）的電影中飾演霍姆斯。我很希望客串飾演天使一角，在她告訴我無法展示技術時，大笑著放棄投資。

那是有可能的。

而在「新創公司之人理論」的另一面，則是創辦人只關注單一焦點，並全力以赴執行。祖克柏想的不是當個空想家，而是有超人類程度的專注力——就像魔鬼終結者。

祖克柏在早期就看出了Friendster和MySpace在社群媒體創造了什麼，並將任何一種功能都做得比他們優秀20%至50%。臉書的網站是出了名的比別人快，而且設計更平易近人。

接著他又不讓你在建立帳號之前看到其他人的個人檔案，藉此將建立帳號的流程做得優秀50%，憑藉建立更理想的動態訊息（這是受到推特的啟發）而讓整個服務好上100%。

在那之後，他給動態訊息做的整理分類比推特好上50%，分類不是按照時間順序，而是那些貼文得到最多「讚」和留言（也就是參與互動）。那也是為什麼你上推特時，會看到一大堆過去十五分鐘的隨機推文，但打開臉書時，你看到的是寶寶出生的消息、有人過世的消息，以及系統中最紅的影片，還會提醒你，有哪個朋友非常喜歡看圓滾滾的貓熊在泥巴裡打滾。（僅供參考，這些全都有。我只是幫你省了點擊的工夫。）

值得注意的重點是，祖克柏和霍姆斯都中途輟學。

值得注意的重點是，祖克柏和霍姆斯每天都穿簡單的相同「制服」（祖克柏是連帽上衣和灰色T恤，霍姆斯則是和賈伯斯一樣的黑色高領毛衣）。

值得注意的重點是，祖克柏和霍姆斯都相信自己在建立全世界最重要的公司。

不過，祖克柏會向投資人及媒體展示自己的工作成果，並說明他們在做什麼和為什麼。經過幾年穩定一致的產品週期後，可以非常清楚看出很少有人能像祖克柏一樣，將焦點放在成長與逐步改善產品。

祖克柏或許不是我們見過最有創意的創辦人，但他肯定是最穩定且最可怕的一個。就像阿諾・史瓦辛格（Arnold Schwarzenegger）的魔鬼終結者，人人都知道祖克柏不會停止。

有些天使想解決問題

「你解決什麼問題？」是一個經典的創投業者問題，有時候會換成「你的新創公司是維他命還是止痛劑？」或「你要消除什麼痛苦？」

基本意思就是，世界上許多重要公司的建立，是希望消除人類生活中的痛苦。有時候人會遇到大問題，要尋找解決辦法。

1980年代末期我開始在曼哈頓工作時，所有法律事務所都還有很大的郵件收發室和大量的信差，他們帶著一包包文件在曼哈頓來回奔波。對於當時在為法律事務所架設電腦網路的我來說，那裡一直是個很有意思的地方，因為我知道它很快就會消失。

我最早的工作就是在區域網路架設所謂的「文件管理」系統。

我們走訪一家法律事務所，研究他們是怎樣從一份合約到簽訂，過程大概是這樣：一名律師在紙上草擬文件，或口述給祕書聽寫，再由祕書交給「打字組」，你猜到了，那是個滿滿都是人、全都在用打字機建立文件的房間。

最後定稿會經過校對後送到「影印室」，就是個裝滿了影印機的房間，然後送到郵件收發室，由那些精力充沛像吸了大麻似的信差，騎著十段變速的腳踏車在曼哈坦飛馳來去，他們車框則用電氣膠帶緊緊包裹，既掩飾價值也是做保護。

那些簽署過的文件以及修訂版本，則會在取回後送到地下室的文件儲存櫃和皇后區的一個倉庫。

我們安裝的文件管理軟體和電子郵件系統解決了太多這類問題，所以法律事務所差不多每年會給每位律師花上數千美元進行安裝和維護。

律師在我工作的那家公司LAN Systems花錢如流水。

我們舉辦派對，開出獎金方案，每天搭著林肯豪車回家，老闆每個月還帶我們跟客戶去一家脫衣舞俱樂部，買了價值幾千美元的「假鈔」花在脫衣舞孃身上。

我們解決了許多痛點，也因此收到豐厚的報酬。我們消滅了打字組；我們消滅了半數進行口述聽寫的祕書，因為律師開始剪貼文件。我們給常用文件製作樣板，只要填上空白處即可，把律師變得能力過人。

我可以一直說我們提出的解決方案有多重要，因為一家事務所最高等級的合夥人會過來跟我們開會，仔細檢視軟體、網路以及各種功能的所有層面。我們兩人可以同時在同一個文件上工作？我在洛杉磯的合夥人可以編輯同一份文件，還是我要快遞一個磁碟片給他們？

他們整天處理痛苦之事，而網路和軟體的力量輕輕巧巧就消除了他們的麻煩，於是他們編列預算給激增到占員工總人數10%以上的資訊科技人員。

當你看著一家創造第八十九個照片分享應用程式的新創公司，你必須問自己，這真的有解決重大的痛點嗎？

我喜歡將痛點分成兩大類：印第安納・瓊斯（Indiana

Jones）和路易・C.K.（Louis C.K.）。

如果你還記得第二部印第安納・瓊斯電影，那是開場最宏大的電影，主角和幾個黑幫份子交易古物，這場交易是對方以餐桌轉盤將一顆大鑽石轉過去，交換一個裝了骨灰的甕，就在交易即將完成時，對方告訴印第安納・瓊斯，他剛剛喝的香檳有毒，而唯一的解藥在他們手上，他必須將鑽石轉回去才能拿到解藥。

撇開這段情節在邏輯上的許多漏洞，想想這個問題，你剛喝下毒藥，而有人有解藥。

那威力就很強大，而且那也是為什麼響尾蛇毒液昂貴、製藥公司又如此招人恨的原因，因為他們能拿救命藥收那麼多錢。

大部分新創公司拯救不了死亡，但如果你發現了，趕緊放下這本書，立刻寫電子郵件到jason@calacanis.com給我。

當然，有些新創公司會處理問題，長期下來死亡的數量會減少，但都沒有印第安納・瓊斯這個例子的情況危急。包括優步和特斯拉建造的自動駕駛科技，可降低美國道路死亡數量，我預測在接下來三十年，可從一年三千多件降到一年三十件。

不管是短期還是長期，減少死亡都是善事，但新創公司從事的還有更多務實的事，例如讓你看到你處理過的文件的各個版本，或者相距幾千里即時協作這份文件。

微軟這些年有兩個主要的搖錢樹，視窗作業系統和Office。後者包括Word和Excel，靠著解決我提到的那些實際痛點而獲利將近幾十億美元。

當然，Office又創造了新的痛點，最有名的就是文件直接儲存在脆弱的主機硬碟，而硬碟常常會故障或者感染病毒而當機，導致許多手稿和營運計畫丟失。這些痛點創造了龐大的新創公司新類別，包括外部硬碟、防毒軟體，以及備份軟體。

到後來，等到頻寬和伺服器儲存成本驟降，Dropbox率先提出解決方案，解決了文件流失這個問題：雲端。

短短十年，Dropbox和競爭對手Box加上亞馬遜雲端運算服務（AWS），為投資人創造了數百億美元的價值，並為消費者消除了一個重大痛點（文件流失）。

現在雲端帶來一連串新的問題，將啟發新一波新創公司來解決。雲端截至目前為止帶來的兩個最大問題，似乎是儲存在雲端的資料安全，這導致沒有打開雙重驗證（two-factor authentication）的人被竊取商業機密，並被勒索贖金。

第二個出現的問題是搜尋和整理丟到雲端的大量數據。

不過，你認為這些問題跟之前的問題一樣嚴重嗎？他們能排除同樣多的痛苦嗎？大概不會。有關文件的問題，科技公司已經努力超過半世紀，所以許多問題現在已經較緩和也較不常出現。

這又引來路易·C.K.在康納·歐布萊恩（Conan O'Brien）節目上那個令人捧腹的片段，他當時解釋為什麼「現在一切都令人驚嘆，卻沒有人滿意」。路易一一細數人類以前怎樣處理事情，例如從銀行提款（到銀行裡面排隊），接著又解釋早期信用卡是怎樣使用的。

解釋給1990年後出生的人來聽，情況大概是這樣：你把卡交給服務生，對方用筆在一張複寫單子上填寫你的姓名與號碼，然後塞進一個老舊的機器，將你的信用卡壓印在紙上（這個動作可能需要來回壓個三、四次），再打電話給信用卡公司跟一個真人接線生接洽，由對方給服務生驗證碼。

這個流程可能花費十分鐘以上。我知道是因為我1980年代在我爸爸的酒吧裡做過。

當然，這些複寫單子要拆開寄給信用卡公司，對方再把錢寄到酒吧，並透過郵局寄送一份帳單給消費者。消費者則拿出支票簿開一張支票，放到信封裡，寄給信用卡公司。

如今你輕觸信用卡或手機，就會在電子郵件信箱收到收據憑單，而錢通常就從你的銀行帳號裡扣除——一切都在你起身離開餐桌之前就完成。

再過個十年，你將會在結帳櫃檯對著視網膜掃描器，不用攜帶現金或信用卡。亞馬遜已經用他們的無人便利商店證明這一點。

路易．C.K.在那一段節目的最後，談到我們在飛行時享受了多大的權利，說他的鄰座乘客在飛行期間網路斷線時多麼惱怒。

飛行中的網路連線是個完美的例子——顯示一個不痛不癢的問題卻讓人覺得無法忍受。當然，有人會說他們願意為機上Wi-Fi付費，以及在機上網際網路公司投資幾億美元，但真相是消費者在胡說。

消費者對飛行中連上網路的概念自是開心不已，而且說願意付費。投資人和創辦人也都很興奮，但是在看到網路連線一小時大約5美元的選項時，大家都不接受。

事實就是，五個小時沒有網路可用並不是天大的問題——而是不錯的休息機會。此外，大家很快就學會在前往機場之前，利用家裡無上限的寬頻網路連線，先下載好遊戲、電影、書籍、播客、音樂播放清單，以及有聲書到自己的裝置。

機上網路證明投資人和創辦人的確認偏誤，因為他們把重點集中在數據指向大規模採用（調查、行動數據用戶、撥接用戶、機上電影相對票價成本），卻忽略了明顯的事實：大家長久以來都說自己喜歡在飛行途中閱讀、睡覺和看電影——沒有一個需要網際網路。

好比飛機上的電話，以前都是放在頭枕的後面，無網路的痛苦並不深刻也不常有，還以為這樣就需要讓人付費。

畫個橫軸和縱軸，分別標上「痛苦強度」和「痛苦感受頻率」。右上方是非常痛苦，而且隨時都感受到的事；而左下方則是不痛苦、也沒那麼常發生的事。這樣就會有些事是非常痛苦卻不頻繁，或者不痛苦卻非常頻繁。

你可以將沒有網際網路的痛苦放到左下方，雖然我們表現得活像那應該是在右上方。

有些產品的存在是為了取悅顧客，如迪士尼樂園、冰淇淋以及電影，賺走了大把鈔票卻沒有帶走任何痛苦。

你應該從來不會說，「我此刻深陷痛苦之中，因為我沒有在排隊等著坐雲霄飛車」或「我得想個辦法趕緊找些冰涼多脂的糖塞到嘴巴裡」。

我唯一記得一次想看電影看到有生理痛苦是《星際大戰五部曲：帝國大反擊》（*The Empire Strikes Back*），想得我在大中午離開學校，翹了三堂課，在布魯克林的佛特威戲院（Fortway Theatre）排隊排第一個。我父親接到學校打來的電話，就直接開車到電影院，他知道我會在那裡。

他把車停下來並朝我打手勢要我過去時，我以為他要動手打我。我都準備好被打了，因為我以前被他打過一、二次，卻高興地看到他從口袋裡掏出40美元，還說：「也給你弟弟買票，別再翹課了。」

和我爸爸打交道一直都是快樂與痛苦並存，不過這部分我會保留到另一本書再說。

有些天使賭的是愉悅樂事

正如我提過的，有些新創公司的產品讓人用了開心滿足，以至於若沒有它們，大家都活不下去，所以願意為了它們付出高價。這些新創公司有定價能力，而定價能力在商業界是個神奇的東西，因為稀少也因為會帶來驚人的回報。

令人開心的新創公司與解決問題的新創公司相反。我常常聽到投資人問：「你的新創公司是維他命還是止痛劑？」

蘋果製造的產品賞心悅目，即使落後競爭對手的產品數年，依然可以索取超高價。硬體規格更好且功能更好的Android手機，還是賣得比iPhone便宜幾百美元。任何不是蘋果的筆記型電腦或頭戴式耳機也一樣。

最重要的是，這一點從蘋果推出豪華拉絲鋁外殼的電腦顯示器Cinema Display時就看出來了，要價竟是戴爾（Dell）同樣品質顯示器的二倍。蘋果的迷哥迷妹花了超過1,000美元去買有那個迷人商標的顯示器。真是瘋了！

要了解一家新創公司的產品給人的愉悅程度，有個簡單工具。這個工具叫做淨推薦值（NPS）。你以前或許做過淨推薦值調查。淨推薦值衡量的是顧客推薦一家公司的產品或服務給其他人的意願。聰明的創辦人利用淨推薦值調查的意見回饋改善服務，並極盡擴大成長。

有些天使賭的是市場

有些投資人覺得造就新創公司的是市場。他們會觀察保險、食品，或交通運輸產業的規模，然後說：「科技將大幅影響這些產業——我們來找一家在這個市場進行革新的新創公司吧。」

如果你認為食品市場顛覆創新的時機成熟，或許可以觀察大家想攝取更多蛋白質的大趨勢——特別是紅肉——並試著找出仿漢堡公司、或認為能3D列印牛排的人。你或許會考慮替代蛋白質，就像我曾考慮投資的一家新創公司，就專注在蟋蟀蛋白粉（餅乾的味道好極了）。

其他人會觀察交通運輸領域，看到汽車有95%的時間閒置，推論出擁有汽車將走到盡頭，汽車共享才是未來。他們或許認為優步或Zipcar將是這個領域的大贏家，但是你從這兩家公司的表現可以看出，它們是兩種迥異的概念。第一種解決方案是有人開車將你從這個門口送到那個門口，但是第二種的話，你是在短期內支配一輛汽車並自己開車——還有停車。

後者比較類似一般人擁有汽車所做的事，所以似乎是比較容易讓人接受的解決方案，但結果正好相反——大家不但想放棄汽車擁有權，甚至根本不想支配汽車！

在我看來，這是市場策略不如新創公司創辦人理論那麼有成效的原因。

好消息是，你不需要挑出一種理論並遵守奉行。你可以全面採納所有理論，用一家新創公司嘗試一遍，看看最後會有什麼結果。然後說服自己忽略那些你不喜歡的理論，並發揮你的直覺！

第 32 章

你的天使之旅在哪裡結束？

寫這本書是我人生中最深刻反省、也是收穫最大的歷程之一。我很高興我告訴猶太教拉比兼我的作家經紀人約翰・布洛克曼（John Brockman），我想等到自己「再多一次重大成功」才寫一本書，因為按照我給自己編寫的劇本，我要問自己是否還想繼續經營。

那是為什麼你沒有看過任何有關天使投資的書，或者看到許多終身從事這一行的天使投資人。其實，只有少數人從事天使投資滿十年，我按照名字的順序一一列出：艾絲特・戴森（Esther Dyson）、馬克・庫班（Mark Cuban）、史都華・阿爾索普（Stewart Alsop）、米契・卡普爾（Mitch Kapor），以及在我天使名單頂端、永不停歇的朗恩・康威（Ron Conway）。

我們知道，天使投資是一種獨特的職業，因為如果你有資格當個天使，當個創投業者更是綽綽有餘，而創投業者的生活要輕鬆許多，金錢收獲也更豐厚。

天使交易的死亡率在80%到90%之間，這可能會讓你的生活感覺更像是安養院員工，而不是金融奇才。創投業者可以遠遠往上游移動，所以他們面對的死亡率只有天使的一半——或者更少。

啊，對了，因為創投業者將更多資金投入數量較少的交易，打電話找他們的人就比較少，要協商談判的交易就更少。工作量比天使投資人少的好處之一，就是他們下的賭注更大、數量更少，獲得的報酬更多，而且還有管理費這個奶水可以吸吮。

這些管理費是每年由有限合夥人預先支付給創投業者的回報，以支應他們的薪資和經常性開支。通常是籌募總金額的2%至3%——每一年。

這些年來，我曾被邀請加入一些創投公司，這樣我能賺到更多錢，卻不會有經常性開支。唯一的要求就是我一年要參與一、二個新投資，並加入六或八家新創公司的董事會。我還可以有寒暑假，飛去義大利和亞斯本還有……還有……可惡，我應該那樣做的！

為什麼沒有？這個嘛，老實說，雖然我熱愛當天使，我還是心動了。十分心動。為什麼不多花點時間和我的孩子相處，少花點時間四處奔波？為什麼不在籃框下等著下一個傑森・卡拉卡尼斯，將球運過球場讓我灌籃，獲得隊上最高分而贏得最高金額的交易？

那是天使最大的危險：成功。如果你獲得一次重大成功，你就要退出，幾乎所有人都是，因為我挑中另一個優步的機會幾乎是不可能（那是十年一遇），而且儘管我擊中另一個Thumbtack的機會也幾乎可以確定，但是10億美元的退場，等級也絕對不同於500億美元、1,000億美元，或是2,500億美元。

回頭說你。如果你按照我在本書描述的方式投資三十家新創公司，也就是前十檔是1,000美元的聯合團投資，接下來二十個是2.5萬美元的賭注，然後再給你投資組合的前五名新創公司額外投資10萬美元，以下就是常見的情境。

在這個情境中，你會在前三十檔交易中投入51萬美元，觀察勝出者，再給優勝者投入50萬美元。你投入運作的金額將略高於100萬美元。

回報不如投資

如果你的新創公司有90%死亡，有五檔的退場還算過得去，你投資的資金正好回本，你的那100萬美元大概能拿回

50萬美元，損失個50萬美元。身為高資產淨值人士，這樣的損失感覺不嚴重，以你500萬至1,000萬美元的資產淨值，損失只占5%到10%。你身家豐厚，而且你在股市的其他投資一年回報5%，輕輕鬆鬆就能彌補這50萬美元的損失。

你將得以研究自己的投資論點，看是要在接下來的三十家新創公司採用相同的出場策略，還是將策略升級並做得更好。當然，你從三到五年的天使投資中已經有了學習心得，當你在做接下來的三十次投資時，將給你帶來優勢。

如果你對天使投資已經感到厭倦，卻對新創公司上了癮，你也有跟創辦人打交道的良好歷史紀錄，讓你可以加入創投公司，有50萬美元的起薪，這是相當於取得大學與研究所學位的上好投資！

回報等於投資

許多天使投資有進取心，意思就是你學了很多並達到損益平衡，等於免費建立自己的人脈網路和知識。有點像是到賭城度個長週末，因為你手氣好地玩了好幾個小時的骰子或21點，結果得到招待住宿和幾次大餐。這趟旅程免費，而且你的帳戶完好如初。

你現在可以選擇繼續當個天使、加入公司，甚至可以在你績效最高的投資接下管理團隊或董事會席次，獲得公司1%到2%的股份以及一份不錯的薪水，同時幫忙將公司打造為億萬公司。

這在天使與創投圈子裡常常發生，投資人對下注感到厭倦了，想要參與競賽。帶著和績效頂尖公司合作的圈內人經驗，你能夠和新創辦人協商出極好的交易，對方尊敬你早早就對他們下注，於是你們一起邁向驚人的成就。

回報是投資的二至五倍

如果你在這個投資劇本中投入100萬美元運作一年，那就能有200萬至500萬美元的回報，只要給前五名投資加倍下注（在最初的1,000美元或2.5萬美元賭注之外，額外投入10萬美元），從中各獲得四至十倍的回報，甚至有一檔的回報是投資金額的五十倍。雖然五十倍的回報並不常見，四到十倍的回報在矽谷卻是稀鬆平常（記住，你希望在矽谷投資，在這裡每次你的起手牌都拿到黑桃A。見第6章）。

如果出現這樣的情況，你不但有能力加入其中一家新創公司、進入董事會或加入創投公司，還會有一個回報數據的歷史紀錄，能分享給其他你認識的有錢人，並自行籌募基金，讓你未來的投資有一個大的加乘倍數。籌募自己的基金那是另外一本書的事，而且既然我只籌募過一檔1,000萬美元的小型基金，所以我不是該寫那本書的人——還沒。

回報是投資的五倍至百倍以上

恭喜。極有可能你的其中一個賭注成為超級新秀，而你拿回了兩百、三百、或四百倍的資金。你在一家公司估值400萬美元時投資，而公司出售或以50億美元或100億美元公開上市，你現在有了2,500萬美元或1億美元的回報。

這筆天殺的錢可以用上一輩子，而你的孩子將有信託基金要打理，還能輕鬆上大學，更別提有錢的天使投資媽媽（或爸爸）給他們的庇蔭——只要你們沒離婚、沉迷於私人飛行或買遊艇。

吸收體會你在前三十個賭注擊出全壘打的學習心得，同時理解人生的無常。你不見得是中了彩券，但確實運氣好，因為你的三十個賭注跟人家虧錢或打平的賭注大概沒有相差太遠。其實，如果你拿掉其他天使最頂尖的投資，幾乎所有天使的投資回報組合大概都非常相似——如果拿掉他們的前三大成功投資，回報的組合會完全相同。

如果你像這樣擊中全壘打，在我們這一行就是傳奇，而且可以在頂級公司任職，甚至像我一樣創立自己的孵化器，會有投資人和創辦人蜂擁而至，認為你有點石成金的本領——即使我們都知道根本沒有人有這本事。

人生無常，但運氣未必。

幸運的人會讓自己置身在高度成功的人群之中並冒險嘗試。那並不難或不可能。只是需要努力。

努力工作。

相信我，只要努力。

致謝

感謝我的經紀人約翰・布洛克曼，做什麼事都拉我一起，還耐心地就我的事業、人生，以及寫作給我意見。麥克斯・布洛克曼（Max Brockman）以及布洛克曼版權代理公司（Brockman Inc.）團隊，在這過程中十分專業並給予很大的幫助——我覺得身為團隊一員非常幸福。

感謝布萊恩・阿爾維，用了整整十九天輔導我寫這本書。他費心整理草稿，同時在我有如脫韁野馬、需要約束時坦白地告訴我。更重要的是，布萊恩與我是三十年的朋友，一路從紐約瑞奇灣到舊金山灣區。我期待接下來的三十年。

感謝我才華洋溢、給予我支持鼓勵的迷人嬌妻潔妲，照顧我們的一對孿生女兒、兩隻鬥牛犬，還有我們七歲的蘭登，同時一手打理搬新家，讓我繼續維持「再多趕出幾頁來」的狀態。

我的兩個弟弟，詹米和喬許，一直關心照顧我——我為人人，人人為我。我在獻詞中提到我的媽媽，但是應該再說一次，她教我怎樣努力工作並態度謙遜——還有不要說太多髒話。

特別要感謝過去與現在的團隊成員，他們和我並肩努力，支持創辦人並鼓勵創新，包括——但不限於——「火眼金睛」泰勒．克勞利（Tyler "Insights From" Crowley）、隆恩．哈里斯（Lon Harris）、傑森．克魯特（Jason Krute）、布萊斯．米蘭諾（Brice Milano）、艾希利．懷赫斯特（Ashley Whitehurst）、路克．萊特寧（Luke Lightning）、傑森．德孟（Jason Demant）、艾美獎得獎製作人賈姬．迪根（Jacqui Deegan），以及艾略特．庫克（Elliot Cook）。

至於導師與朋友更是不勝枚舉，包括勸說我開始投資的羅洛夫．博沙；告訴我要設立基金的大衛．薩克斯（David Sacks）與納瓦爾．拉維肯；第一個在《矽巷報導者》買廣告的弗瑞德．威爾森（Fred Wilson）。感謝比爾．李（Bill Lee），拜託大家支持我；查馬特．帕里哈皮提亞（Chamath Palihapitiya），隨時都有時間和我「邊走邊聊」；大衛．戈德堡（David Goldberg），他的獨到見解總是能幫我集中焦點。

還有最重要的，感謝所有讓我一起參與旅程的創辦人——特別是優步的崔維斯．卡拉尼克與加瑞特．坎普，讓我顯得一輩子不曾如此英明。

人家說獨木不成林，而在人生過半的此時，我可以告訴你，那是我所知最真實不過的道理了。

傑森・卡拉卡尼斯

Calacanis.com

一起來　思 16

天使歷險記

拿十萬走進一級市場，矽谷新創投資大師的千倍收成策略

Angel: How to Invest in Technology Startups--Timeless Advice from an Angel Investor Who Turned $100,000 into $100,000,000

作　　者　傑森・卡拉卡尼斯 Jason Calacanis
譯　　者　林奕伶
責任編輯　林子揚

總 編 輯　陳旭華
電　　郵　steve@bookrep.com.tw
社　　長　郭重興
發行人兼出版總監　曾大福
出版單位　一起來出版／遠足文化事業股份有限公司
發　　行　遠足文化事業股份有限公司
www.bookrep.com.tw
23141 新北市新店區民權路 108-2 號 9 樓
電話｜ 02-22181417　傳真｜ 02-86671851

封面設計　萬勝安
排　　版　宸遠彩藝
印　　製　成陽印刷股份有限公司
法律顧問　華洋法律事務所　蘇文生律師
初版一刷　2019 年 10 月
定　　價　450 元

國家圖書館出版品預行編目 (CIP) 資料

天使歷險記：拿十萬走進一級市場，矽谷新創投資大師的千倍收成策略 / 傑森・卡拉卡尼斯（Jason Calacanis）作 ; 林奕伶譯 . -- 初版 . -- 新北市 : 一起來 , 遠足文化出版 : 遠足文化發行 , 2019.10
面 ;　公分 . --（一起來思 ; 16）
譯自 : Angel: How to Invest in Technology Startups~Timeless Advice from an Angel Investor Who Turned $100,000 into $100,000,000
ISBN 978-986-98150-0-0(平裝)

1. 創業投資

563.5　　108014964